＼いつもの食事が災害時の備えにもなる！／

アイラップ®で お役立ち✦簡単レシピ 防災編

島本美由紀

60

はじめに

こんにちは。料理研究家、そして防災士の島本美由紀です。私が「アイラップ」を使った「湯せん調理」レシピを研究するようになったのは、災害時における「湯せん調理」の有効性を痛感したからです。日常時でも、食べることは健康にとってとても重要ですが、大規模災害が発生したときはなおのこと。できるだけいつものように、おいしくいただくことは、1番といってもいいほど大切なことだからです。災害時、限られた食材で、どうやったらおいしく作ることができるのか、試行錯誤を重ねた結果、「湯せん調理」は災害時だけでなく、日常時においてもとても便利な調理法なのだと実感するようになりました。そこで、この本では日常時でも、災害時でも、いつでも活躍するレシピを紹介します。

島本美由紀

アイラップで作る！
簡単レシピ

Contents

part 1
主菜から副菜まで！
素材別ラクうま！おかず

chapter 1
肉・魚介の主菜

chapter 2
野菜の副菜

chapter 3
缶詰＆レトルトが主役のおかず

part 2
1品で満足の主食

part 3
みんな大好き和み系おやつ

知っておきたい防災のキホンのキ

袋のラップ
アイラップ
60枚入
マチ付
サイズ
25cm ヨコ × 35cm タテ
(ヨコ 21cm＋マチ 4cm× タテ 35cm)

大バズり！
リピーター続出！
万能ポリ袋「アイラップ」が人気のワケ

半世紀近くも続くロングセラーでありながら、日々、新たな「バズり」が生まれる「アイラップ」。パッと見は、スーパーなどで無料でもらえるポリ袋とさほど変わらないのに、なぜこんなに人気なのでしょう？　その理由は「アイラップ」の素材と形にあります。その実力から活用法まで詳しく紹介します。

アイラップとは？

キッチンで愛されてほぼ半世紀！　レトロなパッケージと「袋のラップ」というキャッチフレーズでおなじみの食品用ポリ袋。マチがある、防湿性や耐熱性があるなど、一般的なポリ袋にはない、うれしい特長がいろいろあります。

POINT 1　使いやすいサイズでマチがついています

一般的なポリ袋とタテ、ヨコサイズはほぼ変わりませんが、ポイントは4㎝のマチ。大きなものでもラクに入れることができるだけでなく、口を結ぶだけで、かさばらない保存容器になります。

POINT 2　レンジ調理や湯せん調理ができます

耐熱性・耐冷性に優れた高密度ポリエチレン製。耐熱温度は120℃以下なので、「湯せん調理」も120℃以下の「レンジ調理」にも対応できます。

POINT 3　冷凍保存から解凍までできます

耐冷温度は、－30℃。家庭用冷蔵庫の冷凍室温度は－18℃前後なので、冷凍保存もOK。つまり、冷凍から解凍までおまかせできます。

POINT 4 防湿性に優れているので、食品の鮮度をキープできます

アイラップは防湿性にも優れていて、口を結ぶだけで密閉が可能。水分が逃げず、外からの影響も少なく、食材にとって快適な環境が守られるので、鮮度をキープすることができます。

POINT 5 取り出しやすいパッケージです

ワンタッチでササッと1枚ずつ取り出せるのも大きな魅力です。使いたいときに片手ですぐに取り出せるので、特に調理中はストレスがありません。

POINT 6 コスパがよく、毎日手軽に使えます

アイラップの標準的価格は1箱200円前後。60枚入りなので、1枚あたり3.5円ほどで、コスパ抜群！　たとえ節約中でも、気兼ねなく使えます。

POINT 7 衛生的だから安心して使えます

アイラップは日本食品分析センターの検査に合格した、食品衛生法上も安全な商品。食材を保存する、中で調理する、器代わりにするなど、あらゆるシーンで安心して使うことができます。

POINT 8 地球環境にもやさしい設計です

原料のポリエチレンは燃やすと水と二酸化炭素に分解され、有害なガスは発生しません。つまり、地球環境の保護に配慮された製品なのです。

災害時にも活躍！

大規模災害が発生すると水道、ガス、電気といったインフラが使えなくなりますが、調理が困難になるばかりでなく、調理前後の食材や食器の洗浄も不十分になり、食中毒のリスクが高まります。そんなときにアイラップがあれば、カセットコンロとガスボンベを活用して「湯せん調理」したり、手や食器にアイラップをかぶせるなど、限られた環境の中でも衛生的な調理や食事が可能になります。

アイラップを使うと
調理がぐーんとラクになります。

アイラップで できること

調理シーンで、アイラップはどんなことに使えるでしょう?
基本的な使い方を紹介します。

加熱調理

アイラップは耐熱性があるので、湯せん調理やレンジ調理が可能です。袋の中で調理するため、鍋や耐熱容器が汚れず洗いものが減り、水も再利用できるなど、節水になる利点も。

● 湯せんする

アイラップに材料を入れて口を結び、湯をはった鍋に入れて湯せん調理します。簡単で失敗なく、袋の中で旨みが閉じこめられて美味。

● 同時調理も可能

例えば主菜と副菜など、複数の料理でも、1人分ずつの調理でも、鍋ひとつで同時調理ができます。同時にできれば節ガスにも貢献。

● 電子レンジOK!

アイラップに材料を入れ、必ず口を結ばずに耐熱皿にのせてレンジ加熱します。
※油分の多い料理は、120℃を超える場合があるので厳禁。

下ごしらえ

具材を混ぜる、下味をもみ込む、粉をまぶす、成形するなど、何かと手が汚れる下ごしらえも、アイラップの中で行えばラクラク。また、袋に穴を開ければ、生地を絞り出したり、ザル代わりに水けをきることもできます。丈夫で破れにくいのもうれしいところ。

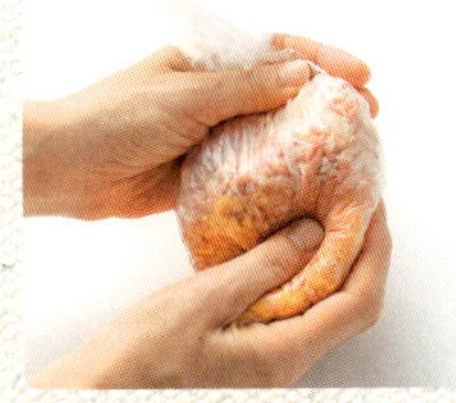

● 具材を混ぜる

● 下味をもみ込む

● 粉をまぶす

● 成形する

● 絞り出す

● 水けをきる

保存

アイラップに食材を入れて口を結べば、保存袋に！　防湿性があるので、食材の鮮度をキープできるだけでなく、空気を抜くとミニマムな大きさになるので、保存容器に比べて場所をとらない利点もあります。耐冷性もあるので、もちろん冷凍保存も得意です。

● 冷蔵保存

● 冷凍保存

＼アイラップを使った／

湯せん調理の基本

STEP 1 食材を準備する

作りたいレシピに合わせ、材料をカットします。災害時は特に、キッチンばさみやピーラー、スライサーで行うと簡単。また、必要な場合は、材料を水で戻す、下味をつけるなども行っておきましょう。

STEP 2 アイラップに食材を入れる

準備した食材と調味料をアイラップに入れます。例えば、まず肉と片栗粉を入れて袋の中でまぶしてから、野菜を加えてさらに全体を混ぜるなど、工程がいくつかに分かれる場合もあります。

STEP 3 アイラップの口を結ぶ

浮かないように袋の中の空気を抜いたら、少し膨らんでもいいように、先をくるくるとねじってから上のほうで口を結びます。これで中身がこぼれず、湯が入る心配もなし。味も全体に行き渡ります。

CHECK!

お好み焼きやオムレツなど、形を整えたいときは下のほうで結ぶ。

「湯せん調理」のメリットは材料を入れて加熱するだけなので簡単で、食材から出た旨みのある水分を蒸気として利用するので食材がふっくら仕上がり、味もよくなじむことです。上手に調理するための基本を紹介します。

STEP 4 鍋に入れて加熱する

鍋に八分目ほど水を入れ、袋が高温の鍋底につかないように必ず耐熱皿を敷き（❶）、沸騰させて袋を投入（❷）。ムラが出ないように途中で上下を返し（❸）、火を通して取り出します（❹）。

CHECK！

耐熱皿の代わりに、ザルでもOK。鍋肌についてしまう心配がない。

STEP 5 口を開ける

キッチンばさみで袋の結び目の下を切って開け、中身を器に取り出します。袋はとても熱く、また、開けると蒸気が上がってくるので、くれぐれもやけどには注意してください。

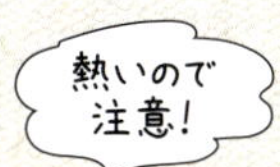

CHECK！

湯せん後に食材を追加する場合は、中身がこぼれないように器にのせる。

★材料に火が通っていない場合は、新しいアイラップに材料を入れ、様子を見ながら再加熱してください。

完成！

やけどに十分注意して、アイラップから器に取り出します。酢豚の作り方はP35をCHECK！

湯せん調理に必要な道具

湯せん調理に必要な道具のほか、災害時に特別に必要な道具もピックアップ！
いざという時に備えて準備しておきましょう。

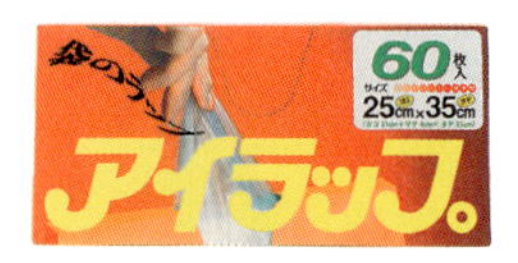

アイラップ

湯せん調理にはポリ袋が不可欠。120℃の耐熱温度がある高密度ポリエチレン製のアイラップが最適です。

深さのある鍋

材料を入れたアイラップがすっぽり入り、鍋肌につかない程度の大きさと深さがある鍋を選びましょう。本書では24㎝の両手鍋を使用。

耐熱皿、またはザル

加熱中、熱くなった鍋底にアイラップがつかないように敷きます。耐熱皿のほか、金属製のザルでもOK。

計量カップ・計量スプーン

湯せん調理は基本的に途中で味見ができず、状態を確認するのも難しいので、分量通りに作るのがポイント。道具を使って正確に計りましょう。

災害時は、余熱を利用して節ガスしましょう！

加熱時間は約半分

災害時、貴重なガスボンベはできるだけ節約したいもの。日常時のようにガスをつけっぱなしにするのではなく、沸騰までの時間、余熱を賢く活用して、燃焼時間を減らすための工夫を心がけましょう。

① 水から入れる

鍋にはった水が沸くまでの熱を利用し、加熱時間を減らします。鍋肌につかないよう注意。

災害時はこれも必要！

カセットコンロ

ガスや電気が止まったときは、ガスボンベを燃料に調理できるカセットコンロが必須です。アウトドア用の防風タイプもおすすめ。

ガスボンベ

カセットコンロに燃料を供給する小型のガスボンベ。カセットコンロと同一のメーカーを使うのが基本で、安全です。

これはあると便利！

ピーラー

災害時は、野菜のカットはできるだけピーラーを使うのがおすすめ。洗いものが減り、限りある水のムダ使いを防ぐことができます。スライサーも便利。

ペットボトルの水

水道が出ないときに備え、ペットボトルの水を準備しておきましょう。湯せん用の水は何度も使いまわせるので、このための大量備蓄は不要です。

キッチンばさみ

加熱後、アイラップを開けるときに使用。災害時は、キッチンばさみで材料を切りながら袋に入れれば、洗いものが減り、節水になります。

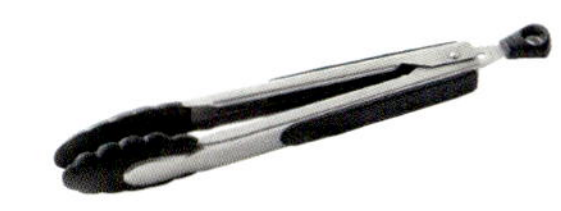

トング

湯せん調理の際、袋の上下を返したり、取り出すときに必要です。袋を傷つけないシリコンタイプを選びましょう。

❷ ふたをして点火！

せっかくの熱を逃がさず、効率的に加熱できるよう、ふたをしてから点火します。

❸ 沸騰したら火を弱める

静かに煮立つくらいで十分なので、沸騰したら弱めの中火に火を弱めます。湯せん時間は通常の約半分でOK。

❹ 余熱で火を通す

6〜7割程度火が通ったらすぐに火を止め、あとは余熱で火を通します。

災害が発生したときに慌てないために、知っておきたいこと

水の備蓄は1人1日3ℓが目安です

水は必要不可欠なもの。飲用と調理用として、1人1日3ℓの備蓄が必要といわれています。断水に備え、3ℓ×家族の人数×7日分は備蓄しておきましょう。持ち運べるよう、500㎖のボトルも必要です。また、水は軟水がおすすめ。なお、賞味期限が切れていても安全性には問題ありません。気になる場合は、一度加熱してから使ってください。

ペットボトルキャップの裏技

キャップ2杯で大さじ1

キャップにすり切り一杯液体を入れると約7㎖。2杯でおおよそ大さじ1になります。いざという時は、計量スプーンの代用になります。

キャップのサイズはパスタ1人分

スパゲティをキャップの上にぴったりと立てると、約100gで1人分の分量に。スケールがなくても簡単に計れて便利です。

水やカセットコンロ、そしてボンベも、フェーズフリーで活用できるもの。
しまった！にならないよう、チェックが肝要です。

カセットコンロとボンベには寿命がある

実は、カセットコンロやガスボンベにも寿命があり、前者が10年で、後者が7年。期限切れのまま使っていると、ガス漏れの原因や、最悪だと事故につながることもあります。製造年月日を確認し、必ず期限内のものを揃えておきましょう。また、ガスボンベは期限内であっても、さびや変形があるものはNG。なお、使用環境にもよりますが、ガスボンベ1本の燃焼時間は60～90分。1人あたり7日間で約6本を目安に備蓄してください。

製造年月日を
確認して！

カセットコンロの製造年月日は側面に貼られている。このコンロは2023年7月に製造されているので、2033年6月まで使える。

ガスボンベの製造年月日は底に表示されている。このボンベは2023年9月21日なので、2030年9月20日まで使用可。

フェーズフリーとは

いつもの日常時と、もしもの非常時、この2つのフェーズ（局面）を区別しないこと。災害に備えて特別なことをしなくても、いつもの生活をおくることが災害時への備えになる、新しい災害対策です。もしもの時が、日常の延長になるため、災害時のQOLも上昇します。

※「phase free」は登録商標です。

＼アイラップメーカーに教わる！／

ごはんの炊き方

災害時にも役立つ

炊飯器がなくても、ふっくら！
湯せんでおいしいごはんを炊く方法を、
アイラップのプロに教えていただきました。
これで災害時も安心です。

教えてくれたのは

岩谷マテリアル株式会社
坂本英明さん

おもに家庭日用品の企画開発やデザインを担当。SNS運用責任者でもあり、商品の魅力や情報を広く発信している。2024年からは防災士としても活動中。

白米：水＝1：1.2

● 材料（1合分）

炊飯器より水は少し多めです

白米……1合（180mℓ）
水……1.2合（210～220mℓ目安）

容量200mℓの紙コップを用意しておくと、計量カップの代わりに使えて重宝します。防災対策に、アイラップと一緒に備えておくのがおすすめです。

1 袋に米と水を入れる

アイラップに米を入れ、分量の水を注ぐ。★水が貴重な災害時は、米は研がなくても大丈夫。

2 口を結び、浸水させる

袋の空気を抜いて先をくるくるとねじり、上のほうで結ぶ。20分おいて浸水させる。★湯せんの際に袋が浮き上がってこないよう、空気を抜きます。

3 水を張った鍋に入れる

鍋に水を入れて耐熱皿を敷き、2を入れる（水の量は米全体が浸かるくらいが目安）。★袋が高温の鍋に触れると溶けてしまう恐れがあるので、鍋底や鍋肌につかないように注意。災害時に耐熱皿がない場合は、ふきんやシリコン製のマット、金属製のザルなどで代用しても。

湯せん時間は
約25分

4 炊く

ふたをして火にかけ、沸騰したらふたを取る。湯が軽くぼこぼこした状態の火加減で、25分ほど加熱する。

5 蒸らす

袋を取り出し、10分ほど蒸らす。
★やけどに注意し、トングなどを使って取り出してください。

6 ほぐす

キッチンばさみで口を切り、ごはんをほぐす。

ほかほかで
おいしいごはんが
完成！

炊飯と同時にほかの食材を温めることもでき、鍋も汚れないので貴重な湯を再利用することも可能です。いざというときに慌てないよう、ポリ袋での炊飯法をふだんから実践しておきましょう！

＼「アイラップ」は災害時にも優秀／

こんな使い方もあります

アイラップが活躍するのは、調理中だけではありません。例えば、湯せん調理後に袋のまま盛れば、器自体が汚れてしまうことはありません。あるいは、ラップのように器にかぶせて使ってもOK。どちらも使用後に袋だけ捨てれば器を洗う必要がなく、節水になります。実際にアイラップを活用していた災害現場からは、アイラップのほうがラップより強度があるため、スプーンやお箸で穴が開いてしまうことが少なく、快適だった、との声も多いようです。また、アイラップは衛生用の手袋代わりにも使えます。マチがある分、指の動きの自由度が高く、丈夫なので破けにくいのもうれしいところです。

器にそのまま盛る

調理後、器にのせてから口を開け、器に袋をかけて食べます。器がないときは、袋のまま食べても。

手袋代わりにする

食材に触る、残飯を処理する時など、食材の衛生を守りつつ、自身の手の安全も守ることができます。

器にかぶせる

アイラップはマチがあるので１人分サイズの食器なら余裕で入ります。汁ものの器もOK！

コメント

味や食感など、料理の特徴を紹介しています。

湯せんなどの調理時間

湯せん、漬けるなど、アイラップの中で調理する時間の目安です。

災害時の調理法

災害時の調理時間も併記してあります。

POINT

おいしく作るためのポイントを記載しています。

代替食材

災害時など、レシピの材料にある食材がない場合、代わりに使える食材を紹介しています。

災害時にもお役立ち！フェーズフリー Memo

日常にも、災害時にも役立つ情報をピックアップしました。

- 鍋で湯せん調理をする場合は、必ず鍋底に耐熱皿かザルを敷き、アイラップが直接、鍋底に触れるのを防いでください。鍋肌にも触れないように気をつけます。
- 湯せん調理の際は、アイラップの中身がこぼれたり、中に湯が入らないよう、ねじるようにして上のほうを結んでおきましょう。
- 湯せんや電子レンジで加熱した際、袋を取り出すときや開けるときは熱いのでやけどに注意してください。
- アイラップの中でもむ、混ぜるなどの下ごしらえをした際、万が一袋が破れてしまった場合は、必ず新しいアイラップに移し替えてください。
- アイラップに食材を入れて冷凍するとき、ぴっちり密封すると、食材の水分が膨張するため、マチが破れる場合があります。食材を入れたら軽く空気を抜き、先をねじるようにして結び、袋の中のスペースに余裕をもたせて冷凍してください。鶏肉などの水分を多く含む食材や、汁けの多いものを冷凍する場合は、アイラップを二重にすると安心です。
- アイラップで冷凍したものをレンジで解凍するときに、袋がくっついた状態で凍ってしまい、口を開けられない場合は、はさみで口を切ってから解凍してください。
- 本書に記載されている調理方法以外の方法では安全性の保証ができないため、事故が生じた場合であっても、当社は責任を負いかねます。

この本の決まり

- 材料に記した分量は、小さじ1＝5mℓ、大さじ1＝15mℓ、1カップ＝200mℓ、1合＝180mℓです。1mℓ＝1ccです。
- 調理時間、保存期間は目安です。

ふだんの
ごはんも！

もしもの
時も！

あるもので！

少ない
材料で！

アイラップで作る！
簡単レシピ

家にあるもので、簡単においしいごはんが作れたら、
いつだってうれしいものですよね。
スグに役立つ、とっておきのレシピをラインナップしました。

知っておくと
必ず役立ちます！

もしもの時の
食材の使い方

大規模災害が発生し、在宅避難になった場合、食材は何から使えばよいのでしょう？　一瞬、非常食や保存食を思い浮かべる方も多いかもしれません。でも、実は優先すべきなのが、冷蔵庫内の食品。家庭の冷蔵庫の中にはさまざまな食材が入っていて、停電が起きたからといって、すぐに使えなくなってしまうわけではありません。ダメになってしまう前に、食べ切ってしまいましょう。そのためには、扉の開閉を最小限に抑えるなど、冷蔵庫内の冷気をキープさせる工夫も必要。内閣府によると、大規模災害時に救援物資が届くまでには１週間ほどかかるとされています。まずは、冷蔵庫内の食品で１～２日をしのいでから、３日目以降は常温保存食品、非常用の備蓄品へ。家の中の限りある食品を有効活用し、災害を乗り切りましょう。

肉・魚介類

1～2日で使いたい食材です。早めに火を通して、食べ切ってしまいましょう。もし、冷凍保存されている場合も、解凍される前に使いましょう。

肉・魚介の加工品

ベーコンやちくわといった加工品は、生肉や生魚より保存期間は長く設定されていますが、基本は冷蔵保存が必須。特に一度開封したものは、1～2日のうちに使いましょう。

大豆加工品

1～2日のうちに使いたい食材です。ただし、無菌充填されたロングライフ豆腐であれば、賞味期限内であればいつでも使うことができます。

卵

市販の卵の賞味期限は、生で食べる場合の期限で、25℃で保管された場合に設定されています。加熱して食べる場合、室温が25℃以下の時期であれば、期限後、1週間程度は食べることができます。

野菜

野菜はできるだけ3日のうちに使いましょう。じゃがいも、玉ねぎ、ごぼう、丸ごとの白菜やかぼちゃ、里いも、さつまいもなど、常温で保存できる野菜や、秋冬であればにんじん、大根などの根菜類は、3日目以降でも使用できます。また、野菜はミックスして冷凍保存しておくと切る手間もないので、何かと便利です（P80）。

主食

ゆで麺や蒸し麺は1～2日のうちに使いましょう。パンは製造方法にもよりますが、保存できるのは常温で2～5日程度。賞味期限にもよりますが、3日目以降も食べられる場合があります。日持ちする乾麺、米は多めに常備しておきましょう。

レトルト・缶詰・乾物などの保存食品

3日目以降のメインの食材になります。3日目以降も使用できる野菜や主食と合わせ、調理しましょう。味のバリエーションを揃えておくと飽きません。

冷凍食品

停電時であっても、冷凍室は36時間程度までなら温度をキープできる場合もあります。自然解凍で食べられるものを備え、1～2日のうちに使いましょう。

※ 消費期限や賞味期限は、季節や環境によって大きく左右されます。また、災害時は食中毒はもとより、消化不良も避けたいところ。使用できるかどうかは、必ず食材の状態をみて判断してください。

part 1

停電時、早めに使いたい食材順に紹介！

主菜から副菜まで！ 素材別ラクうま！おかず

肉や魚介の主菜から野菜の副菜、
保存食を使ったおかずまで、
レパートリーに加えたい定番レシピです。

ジューシー食感は
湯せん調理だからこそ！
ひと口大に切るのもコツ

chapter

1 肉・魚介の主菜

1~2日目に使いたい食材を使って

冷蔵庫の中によくある食材でできる、みんな大好きな主菜がズラリ。どれも湯せん調理の魅力が全開です。

肉で 照り焼きチキン

● 材料（2人分）

鶏もも肉……1枚

A しょうゆ、みりん……各大さじ1と1/2
片栗粉……小さじ1

レタス（好みで）……適量

★ 代替食材／鶏もも肉は豚肉や牛肉、切り身魚に代えても。

加熱前

通常 湯せんで15分

災害時 湯せんで沸騰後8分 + 余熱で10分

※ふたをして水からゆで、沸騰した後の調理時間

● 作り方

1. 鶏肉は小さめのひと口大に切る。
2. アイラップに A を入れてよく混ぜ、1 を加えてよくもみ、袋の空気を抜いて先をねじり、上のほうで結ぶ。
3. 耐熱皿を敷いて湯を沸かした鍋に入れ、湯せんで15分ゆでる。器に盛り、好みでちぎったレタスを添える。

POINT

片栗粉はダマになりやすいので、A のたれは先によくもみ混ぜておく。

災害時にもお役立ち！
フェーズフリーMemo

鶏肉ははさみで切ればまな板が汚れず、災害時は節水に。ひと口大に切ると短時間で味がしみ込む利点も。

ぷるぷるんと口の中で
弾ける本格よだれ鶏。
たれに一味を加えても

よだれ鶏

● 材料(2人分)

	鶏もも肉	1枚
A	酒	大さじ1
	塩	小さじ1/2
	こしょう	少々
B	小ねぎ(みじん切り)	2本分
	砂糖、しょうゆ、酢	各大さじ1
	ごま油	小さじ1
	にんにく(すりおろし)	少々

★代替食材/鶏もも肉はとんかつ用の豚肉、切り身魚に代えても。

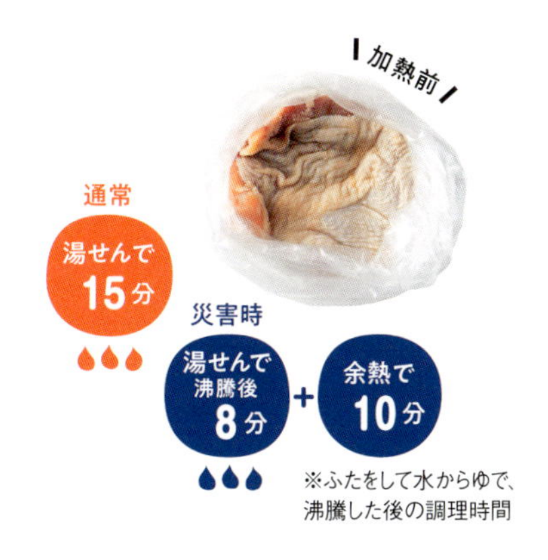

※ふたをして水からゆで、沸騰した後の調理時間

● 作り方

1. 鶏肉は厚みがあれば切り開き、フォークで皮目に数か所穴を開ける。
2. アイラップに 1 と A を入れてよくもみ、袋の空気を抜いて先をねじり、上のほうで結ぶ。
3. 耐熱皿を敷いて湯を沸かした鍋に入れ、湯せんで15分ゆでる。食べやすく切って器に盛り、よく混ぜ合わせた B をかける。

POINT

皮目にフォークで穴を開けると、皮が縮まない。

災害時にもお役立ち!
フェーズフリーMemo

災害時は B のたれもアイラップの中で混ぜると手も容器も汚れないので、節水になる。

しっとり&ふわふわ
簡単に味バリエが
楽しめるのもうれしいところ

ドレッシングでサラダチキン

● 材料（2人分）

鶏むね肉……1枚
フレンチドレッシング……大さじ3
カットサラダ
（市販品、あれば）……1袋

★ 代替食材／鶏むね肉は白身魚に代えても。

※通常時、災害時とも、余熱で人肌に冷ます

● 作り方

1. 鶏肉は皮を取って斜め半分に切り、フォークで全体に数か所穴を開ける。
2. アイラップに 1 とドレッシングを入れてよくもみ、袋の空気を抜いて先をねじり、上のほうで結ぶ。
3. 耐熱皿を敷いて湯を沸かした鍋に入れ、1分ゆでる。火を止めてふたをし、人肌になるまでそのまま冷ます。食べやすく切り、あればカットサラダとともに器に盛る。

POINT

オイル入りのドレッシングを使うと、むね肉がしっとり仕上がる。ドレッシングは好みのもので OK。

災害時にもお役立ち！
フェーズフリー Memo

鶏肉は余熱で火を通すので、災害時は節ガスに！ パサつかない利点もある。

玉ねぎの味しみ具合が完璧。
しょうが焼きは焼くより、
湯せん調理に軍配!

豚のしょうが焼き

● 材料（2人分）

豚薄切り肉（しゃぶしゃぶ用）…… 200g
玉ねぎ …… 1/2個

A
しょうゆ …… 大さじ2
酒、みりん …… 各大さじ1
砂糖 …… 大さじ1/2
片栗粉 …… 小さじ1
しょうが（すりおろし）…… 小さじ1/2

トマト …… 適量
せん切りキャベツ（市販品、あれば）…… 適量

★ 代替食材／豚肉の部位はなんでもOK。

※ふたをして水からゆで、沸騰した後の調理時間

● 作り方

1. 玉ねぎは1cm幅のくし形に、トマトはくし形に切る。
2. アイラップにAを入れてよく混ぜ、玉ねぎと豚肉を加えてよくもむ。袋の空気を抜いて先をねじり、上のほうで結ぶ。
3. 耐熱皿を敷いて湯を沸かした鍋に入れ、湯せんで15分ゆでる。器に盛り、トマトとあればキャベツを添える。

POINT

片栗粉はダマになりやすいので、Aのたれは先によく混ぜておく。

災害時にもお役立ち！
フェーズフリーMemo

トマトや玉ねぎなど、くし形切りもキッチンばさみで可。まな板不要で災害時に節水になる。

豚キムチ

● 材料（2人分）

豚バラ薄切り肉 ……………… 150g
キムチ ……………………… 150g
にら ………………………… 5本
ピザ用チーズ ………………… 30g
白いりごま …………………… 適量

A オイスターソース、ごま油 …………… 各大さじ1/2

★ 代替食材／豚肉の部位はなんでもOK。にらは小ねぎや長ねぎ、ピーマンでも。

チーズは加熱後に加え、余熱で溶かす。

※ふたをして水からゆで、沸騰した後の調理時間

● 作り方

1. にらは4cm長さに切り、豚肉はひと口大に切る。
2. アイラップに豚肉とキムチ、Aを入れてもみ、にらを加えて軽く混ぜる。袋の空気を抜いて先をねじり、上のほうで結ぶ。
3. 耐熱皿を敷いて湯を沸かした鍋に入れ、湯せんで15分ゆでる。袋を開けてチーズを入れ、チーズが溶けたら器に盛り、白ごまをふる。

豚こま酢豚

● 材料（2人分）

豚こま切れ肉	150g
玉ねぎ	1/4 個
ピーマン	2 個
赤パプリカ	1/2 個

A	ポン酢、トマトケチャップ	各大さじ 2
	砂糖、酒	各大さじ 1
	片栗粉	小さじ 1

★ 代替食材／豚肉の部位はなんでもOK。

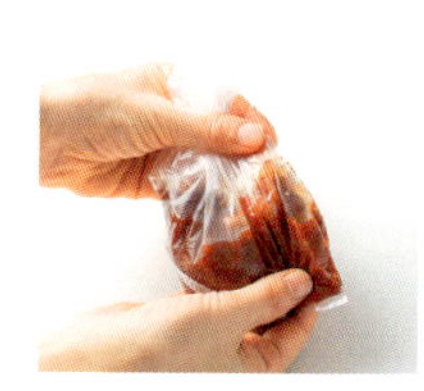

片栗粉はダマになりやすいので、A のたれは先によく混ぜておく。

通常　湯せんで 15 分

災害時　湯せんで沸騰後 8 分 ＋ 余熱で 10 分

※ふたをして水からゆで、沸騰した後の調理時間

● 作り方

1. 玉ねぎ、ピーマン、パプリカは大きさを揃えて乱切りにする。
2. アイラップに A を入れてよく混ぜ、豚肉を加えてよくもみ、1 を加えてよく混ぜる。袋の空気を抜いて先をねじり、上のほうで結ぶ。
3. 耐熱皿を敷いて湯を沸かした鍋に入れ、湯せんで 15 分ゆでる。

湯せん調理で牛肉と
しめじの旨みが凝縮!
ごはんにかけて丼にしても

肉豆腐

通常
湯せんで 15分

災害時
湯せんで沸騰後 8分 ＋ 余熱で 10分

※ふたをして水からゆで、沸騰した後の調理時間

● 材料（2人分）

	牛薄切り肉	150g
	豆腐	1丁（300g）
	玉ねぎ	1/4個
	しめじ	50g
A	水	50㎖
A	砂糖、しょうゆ、酒	各大さじ2
A	顆粒和風だし	小さじ1
	小ねぎ（小口切り）	適量

★代替食材／牛肉は豚肉に代えても。きのこは何でもOK。

● 作り方

1. 豆腐はひと口大にちぎる。玉ねぎは薄切り、しめじは小房に分ける。
2. アイラップに牛肉、Aを入れてもみ、1を加える。袋の空気を抜いて先をねじり、上のほうで結ぶ。
3. 耐熱皿を敷いて湯を沸かした鍋に入れ、湯せんで15分ゆでる。器に盛り、小ねぎを散らす。

災害時にもお役立ち！
フェーズフリーMemo

長期の保存が可能なロングライフ豆腐をストックしておけば、停電で冷蔵庫が使えなくなっても、新鮮でおいしい豆腐が食べられる。

手間ひまかけて
煮込んだみたいな
深いコクにびっくり!

ハヤシライス

※ふたをして水からゆで、沸騰した後の調理時間

● 材料（2人分）

牛薄切り肉	200g
玉ねぎ	1/2個
マッシュルーム水煮缶	1缶（50g）
小麦粉	大さじ1
A 野菜ジュース	200mℓ
A 水	100mℓ
A トマトケチャップ、ウスターソース	各大さじ1
A 顆粒コンソメ、しょうゆ	各小さじ1
A バター	10g
温かいごはん	茶碗2杯分
パセリ（好みで）	適量

★ 代替食材／牛肉は豚肉に代えてもOK。

● 作り方

1. 玉ねぎは薄切りにする。
2. アイラップに 1 と小麦粉を入れる。空気を入れて口を持ち、袋をふって小麦粉を全体にまぶす。
3. 2 に牛肉、缶汁をきったマッシュルーム、A を加えて軽くもむ。袋の空気を抜いて先をねじり、上のほうで結ぶ。
4. 耐熱皿を敷いて湯を沸かした鍋に入れ、湯せんで20分ゆでる。ごはんを盛った器にかけ、好みでパセリを添える。

POINT

野菜ジュースを使うことで味に深みが出る。

災害時は冷凍ミックス
ベジタブルが大活躍。
食感も彩りも栄養も満点に!

ドライカレー

※ふたをして水からゆで、
沸騰した後の調理時間

● 材料（2人分）

合いびき肉……150g
冷凍ミックスベジタブル……50g
玉ねぎ……1/4個

A
- トマトケチャップ……大さじ3
- カレー粉、中濃ソース、顆粒コンソメ……各小さじ1
- しょうゆ……小さじ1/2

温かいごはん……茶碗2杯分
パセリのみじん切り（好みで）……適量

★代替食材／ひき肉ならなんでもOK。
豚肉の切り落としに代えても。

● 作り方

1. 玉ねぎはみじん切りにする。
2. アイラップにひき肉、ミックスベジタブル、1、Aを入れてよく混ぜ、袋の空気を抜いて先をねじり、上のほうで結ぶ。
3. 耐熱皿を敷いて湯を沸かした鍋に入れ、湯せんで15分ゆでる。ごはんを盛った器にかけ、好みでパセリを散らす。

冷凍ミックスベジタブルは解凍しないで加えてOK。

中からチーズがとろ〜り♪
大人も子どもも大好きです

チーズインハンバーグ

● 材料（2人分）

合いびき肉……250g
玉ねぎ……1/4個
スライスチーズ……2枚

A
卵……1個
パン粉……大さじ3
塩、こしょう……各少々

ベビーリーフ（あれば）……適量

B
トマトケチャップ、中濃ソース……各大さじ2
しょうゆ……小さじ1/3

★ 代替食材／ひき肉ならなんでもOK。

※ふたをして水からゆで、沸騰した後の調理時間

● 作り方

1. 玉ねぎはみじん切りにする。
2. アイラップ2枚に半量ずつひき肉と1、Aを入れてよくもむ。丸くして広げ、1/6サイズに折りたたんだチーズを包み、丸く成形する。袋の空気を抜いてねじり、下のほうで結ぶ。
3. 耐熱皿を敷いて湯を沸かした鍋に入れ、湯せんで20分ゆでる。あればベビーリーフを敷いた器に盛り、よく混ぜ合わせたBをかける。

POINT

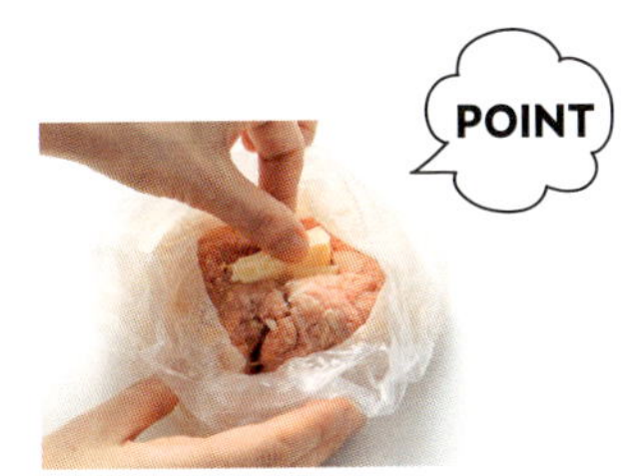
チーズは1/6サイズに折りたたみ、肉だねの中央に入れて袋の中で包む。

災害時にもお役立ち！
フェーズフリーMemo

材料はアイラップに1人分ずつ入れて調理すれば取り分け不要。災害時に食べやすく、そのまま器として使えば洗いものがなく節水に。

魚介で

蒸しざけ

※ふたをして水からゆで、沸騰した後の調理時間

● 材料（1人分）

甘塩ざけ……………………………1切れ
酒 ……………………………………小さじ1
大葉、大根おろし（あれば）……各適量

● 作り方

1. アイラップにさけを入れて酒を加え、袋の空気を抜いて先をねじり、上のほうで結ぶ。

2. 耐熱皿を敷いて湯を沸かした鍋に入れ、湯せんで10分ゆでる。器に盛り、あれば大葉と大根おろしを添え、好みで大根おろしにしょうゆ（分量外）をかける。

身をほぐしながら、
しっかり骨と皮を取り除く。

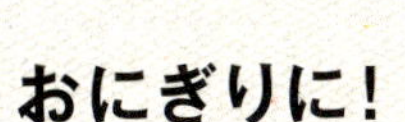

おにぎりに！

ごはん茶碗１杯分にさけフレーク1/2切れ分、めんつゆ（3倍濃縮）小さじ１を混ぜてにぎる。

ポテサラに！

ゆでてマッシュしたじゃがいも１個分にさけフレーク1/2切れ分、マヨネーズ大さじ１を加えて混ぜる。

袋の中であっという間に
クリーミーなごちそう!
パスタとあえても

さけのクリーム煮

● 材料（2人分）

生ざけ	2切れ
小松菜	2〜3株
ホールコーン水煮	50g
バター	10g

A	牛乳	100mℓ
	顆粒コンソメ、片栗粉	各小さじ1
	塩	少々

★代替食材／野菜は好きなもの、あるものでOK。

加熱前

通常
湯せんで15分

災害時
湯せんで沸騰後8分 ＋ 余熱で10分

※ふたをして水からゆで、沸騰した後の調理時間

● 作り方

1. 小松菜は3〜4cm長さに切り、さけはひと口大に切る。
2. アイラップにAを入れてよく混ぜ、1とコーン、バターを加えて袋の空気を抜いて先をねじり、上のほうで結ぶ。
3. 耐熱皿を敷いて湯を沸かした鍋に入れ、湯せんで15分ゆでる。

POINT

あらかじめソースに片栗粉を混ぜることでダマにならない。

災害時にもお役立ち！
フェーズフリーMemo

さけ、小松菜はキッチンばさみで切ればまな板不要で、災害時は節水になる。

スピードぶり大根

加熱前

通常
湯せんで 15分

災害時
湯せんで沸騰後 8分 + 余熱で 10分

※ふたをして水からゆで、沸騰した後の調理時間

● 材料（2人分）

ぶり	2切れ
大根	150g
A 砂糖、水、しょうゆ	各大さじ2
A みりん	大さじ1
A しょうが（薄切り）	1かけ分
小ねぎ（小口切り、あれば）	適量

● 作り方

1. 大根はピーラーでリボン状に切り、ぶりはひと口大に切る。
2. アイラップに 1、A を入れてよく混ぜ、袋の空気を抜いて先をねじり、上のほうで結ぶ。
3. 耐熱皿を敷いて湯を沸かした鍋に入れ、湯せんで15分ゆでる。器に盛り、あれば小ねぎをふる。

災害時にもお役立ち！
フェーズフリーMemo

大根はピーラーで薄切りにすれば、短時間で火が通るので節ガスに。味がしっかりしみる利点もある。

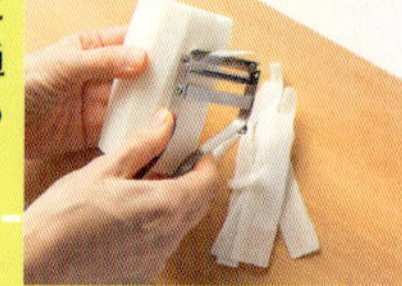

めかじきのハーブソテー風

通常
湯せんで15分

災害時
湯せんで沸騰後8分 ＋ 余熱で10分

※ふたをして水からゆで、沸騰した後の調理時間

● 材料（2人分）

めかじき……2切れ
イタリアンドレッシング……大さじ3
ミニトマト（あれば）……3個
ベビーリーフ（あれば）……適量

★代替食材／めかじきはほかの切り身に代えても。

● 作り方

1. あればミニトマトは4等分に切る。
2. アイラップにめかじきとドレッシングを入れてよく混ぜ、袋の空気を抜いて先をねじり、上のほうで結ぶ。
3. 耐熱皿を敷いて湯を沸かした鍋に入れ、湯せんで15分ゆでる。器に盛って1をのせ、あればベビーリーフを添える。

アクアパッツァも湯せんなら
ラクラク。ほどよく煮崩れた
野菜も美味

アクアパッツァ

※ふたをして水からゆで、
沸騰した後の調理時間

● 材料（2人分）

白身魚（鯛やたらなど）………2切れ
玉ねぎ……………………………1/2個
ミニトマト………………………8個
ボンゴレパスタソース（レトルト）
……………………………1袋（1人分）

★代替食材／玉ねぎは、白菜やキャベツ、大根に代えても。

● 作り方

1. 玉ねぎは薄切りにする。
2. アイラップに1、白身魚、ミニトマト、パスタソースを入れてよく混ぜ、袋の空気を抜いて先をねじり、上のほうで結ぶ。
3. 耐熱皿を敷いて湯を沸かした鍋に入れ、湯せんで20分ゆでる。器に盛り、あればパスタソースに付属のトッピングを散らす。

災害時にもお役立ち！
フェーズフリーMemo

レトルトのボンゴレパスターソースを使えば、生のあさりがなくてもOK。下処理いらずで節水になり、調味料も不要。少ない食材で1品ができていいことずくめ。

袋の中でえびが
ぷりぷりに!
バゲットをぜひ用意して

ガーリック シュリンプ

通常
湯せんで 15分

災害時
湯せんで沸騰後 8分 ＋ 余熱で 10分

※ふたをして水からゆで、沸騰した後の調理時間

● 材料（2人分）

むきえび……250g

A
- バター……10g
- オリーブ油……大さじ1
- 白ワイン……小さじ2
- にんにく（すりおろし）……小さじ1/2
- 顆粒鶏がらスープの素……小さじ1/3
- 黒こしょう……少々

パセリのみじん切り（あれば）……適量

★ 代替食材／むきえびがなければ、冷凍シーフードミックスでもOK。解凍してから調理して。

● 作り方

1. アイラップにむきえびとAを入れてよく混ぜ、袋の空気を抜いて先をねじり、下のほうで結ぶ。
2. 耐熱皿を敷いて湯を沸かした鍋に入れ、湯せんで15分ゆでる。器に盛り、あればパセリを散らす。

グルテンフリーでヘルシー!
甘みを増した
キャベツも美味

肉・魚介の加工品で

なんちゃってお好み焼き

● 材料（2人分）

ベーコン……………………1枚
せん切りキャベツ（市販品）……1袋（130g）
中濃ソース、マヨネーズ、青のり粉
……………………各適量

A	
卵 ……………………	2個
顆粒和風だし …………	小さじ1/2

● 作り方

1. ベーコンは1cm幅に切る。
2. アイラップにAを入れてよくもみ、1とキャベツを入れてよく混ぜ、袋の空気を抜いて先をねじり、下のほうで結ぶ。
3. 耐熱皿を敷いて湯を沸かした鍋に入れ、湯せんで15分ゆでる。器に盛り、ソース、マヨネーズをかけ、青のり粉をふる。

形を整えながら下のほうでアイラップを結ぶと、見た目がきれいに仕上がる。

しっとり、ふっくら♪
失敗しらずなオムレツです

ハムとチーズのオムレツ

● 材料（2人分）

卵……3個
ハム……2枚

A 粉チーズ、牛乳……各大さじ1
塩、こしょう……各少々

レタス、ミニトマト（あれば）……適量

※ふたをして水からゆで、沸騰した後の調理時間

● 作り方

1. ハムは半分に切って5㎜幅の細切りにする。
2. アイラップに卵とA、1を入れてもみ混ぜる。袋の空気を抜いて先をねじり、下のほうで結ぶ。
3. 耐熱皿を敷いて湯を沸かした鍋に入れ、湯せんで15分ゆでる。布巾で形を整え、食べやすく切って器に盛り、あればレタスとミニトマトを添える。

アレンジ自在！

青のりとツナのオムレツ

卵3個にツナ1/2缶（35g）を缶汁ごと、青のり粉・しょうゆ各小さじ1を混ぜる。

ベーコンベジオムレツ

卵3個に牛乳大さじ1、ミックスベジタブル30g、1㎝幅に切ったベーコン1枚、塩・こしょう各少々を混ぜる。

茶碗蒸し

● 材料（1人分）

卵	1個
かに風味かまぼこ	2本
小ねぎ（小口切り）	1本分
A 水	100mℓ
A 白だし	小さじ1

★ 代替食材／かに風味かまぼこはちぎったちくわやかまぼこでもOK。

卵は指でもむようにつぶすと口当たりがなめらかに仕上がる。

※ふたをして水からゆで、沸騰した後の調理時間

● 作り方

1. かに風味かまぼこは手で細かく裂く。
2. アイラップに卵を入れてよくもみ、Aを加えてさらにもみ、1と小ねぎを加えてよく混ぜる。袋の空気を抜いて先をねじり、下のほうで結ぶ。
3. 耐熱皿を敷いて湯を沸かした鍋に入れ、湯せんで10分ゆでる。

看板に偽りなしの
無限系。
ピーマンの香りも◎

ちくわとピーマンの
やみつきあえ

加熱前

通常
湯せんで
15分

災害時
湯せんで
沸騰後
8分
＋
余熱で
10分

※ふたをして水からゆで、
沸騰した後の調理時間

材料（2人分）

ちくわ……2本
ピーマン……3個

A 顆粒鶏がらスープの素、ごま油……各小さじ1

白いりごま……適量

作り方

1. ピーマンは丸ごと乱切りにし、ちくわは1cm幅の斜め切りにする。
2. アイラップに 1 と A を入れてよく混ぜ、袋の空気を抜いて先をねじり、上のほうで結ぶ。
3. 耐熱皿を敷いて湯を沸かした鍋に入れ、湯せんで15分ゆでる。器に盛り、白いりごまをふる。

災害時にもお役立ち！ フェーズフリーMemo

ピーマンの種には血液をサラサラにしてくれる栄養成分、ピラジンが果肉の10倍も！ 種ごと食べれば、災害時にゴミを減らせるだけでなく、体にもいい。

chapter

2 野菜の副菜

3日目以内に使いたい食材を使って

加熱いらずですぐできるものも、湯せんで味をギュッと凝縮させたものも、どれもあと1品欲しいときに大活躍！

加熱いらず

ミニトマトのハニーマリネ

＼もむだけ／

漬ける時間 1時間

● 材料（作りやすい分量）

ミニトマト	1パック（200g）
A 酢	大さじ1と1/2
A はちみつ	小さじ2

★ 代替食材／ミニトマトは乱切りにしたトマトに代えても。

● 作り方

1. ミニトマトは爪楊枝で5～6か所穴を開ける。
2. アイラップにAを入れてよくもみ、はちみつが溶けたら1を加えて軽く混ぜる。空気を抜いて口を閉じ、1時間以上おく。

POINT

あらかじめAの調味液を混ぜ、はちみつを溶かしてからミニトマトを加えると味がよくなじむ。また、ミニトマトに爪楊枝で穴を開けるのもコツ。

加熱いらず

キャベツの白だし漬け

＼もむだけ／

漬ける時間 30分

● 材料（2人分）

キャベツ	200g
A 白だし	50mℓ
A 白いりごま	大さじ1
七味唐辛子（好みで）	適量

★ 代替食材／キャベツは市販のせん切りキャベツを使っても。また、白菜や大根で代用してもOK。

● 作り方

1. キャベツは1cm幅の細切りにする。
2. アイラップに1とAを入れて袋の上からもみ、空気を抜いて口を閉じ、30分以上おく。器に盛り、好みで七味唐辛子をふる。

たたき長いもと梅肉のあえもの
長いもは食感を残して
粗めにたたくのが
美味ポイント

かぶのお茶漬けあえ
お茶漬けの素の魅力を
余すことなく使った
上品なひと皿

加熱いらず

たたき長いもと梅肉のあえもの

● 材料（2人分）

長いも……200g
梅干し……1個
焼きのり、しょうゆ……各適量
わさび（好みで）……適量

★ 代替食材／長いもはきゅうりに代えても。

● 作り方

1. 長いもは皮をむき、梅干しは種を取る。
2. アイラップに 1 を入れ、めん棒などで粗く砕く。器に盛り、ちぎったのりを飾り、しょうゆを回しかけ、好みでわさびを添える。

POINT めん棒がなければ、空きびんの底でたたいてもOK。

加熱いらず

かぶのお茶漬けあえ

● 材料（作りやすい分量）

かぶの実……2個
かぶの葉……適量
お茶漬けの素……1袋

★ 代替食材／かぶは大根や長いもに代えても。

● 作り方

1. かぶは皮ごと縦4つに切り、薄いいちょう切りにする。葉は小口切りにする。
2. アイラップに 1 とお茶漬けの素を入れてよく混ぜ、空気を抜いて口を閉じ、30分以上おく。

通常
湯せんで 10分

災害時
湯せんで 沸騰後 5分 ＋ 余熱で 5分

※ふたをして水からゆで、沸騰した後の調理時間

蒸し野菜といろいろマヨディップ

● 材料（作りやすい分量）

	ブロッコリー	100g
	にんじん	100g
	かぼちゃ	100g
A	マヨネーズ	大さじ1
	焼き肉のたれ	大さじ1/2
B	マヨネーズ	大さじ1
	トマトケチャップ	大さじ1/2
	にんにく（すりおろし）	少々

★ 代替食材／好きな野菜でOK。
加熱時間は野菜の厚みで調整する。

● 作り方

1. ブロッコリーは小房に分け、にんじんは5mm厚さの輪切り、かぼちゃは1cm厚さのいちょう切りにする。
2. 1を水にさっとくぐらせ、水けをきらずにアイラップにそれぞれ分けて入れる。袋の空気を抜いて先をねじり、上のほうで結ぶ。
3. 耐熱皿を敷いて湯を沸かした鍋に入れ、湯せんで10分ゆでる。器に盛り、よく混ぜ合わせたA、Bを添える。

＼加熱前／

通常
湯せんで20分

災害時
湯せんで沸騰後10分 ＋ 余熱で10分

※ふたをして水からゆで、沸騰した後の調理時間

ラタトゥイユ

● 材料（2人分）

	トマト	1個
	かぼちゃ	100g
	なす	1本
	ズッキーニ	1/2本
	玉ねぎ	1/2個
A	オリーブ油	大さじ2
A	顆粒コンソメ	小さじ1
A	にんにく（すりおろし）	小さじ1/3

★代替食材／野菜は根菜類を除き、あるものでOK。

● 作り方

1. 野菜はすべて1.5cm角に切る。
2. アイラップに1とAを入れてよく混ぜ、袋の空気を抜いて先をねじり、上のほうで結ぶ。
3. 耐熱皿を敷いて湯を沸かした鍋に入れ、湯せんで20分ゆでる。

野菜は大きさを揃えて切ることで、均一に火が通る。

にんじんのナムル
にんじんの皮が
いい食感のアクセントに！
大根やごぼうでも

キャベツのガーリックチーズ蒸し
間違いのない
ガーリックバター味。
めんの具にしても

にんじんのナムル

加熱前

通常
湯せんで 10分

災害時

＋ 余熱で 5分

※ふたをして水からゆで、沸騰した後の調理時間

● 材料（2人分）

	にんじん	1本（150g）
	水	小さじ2
A	白すりごま	小さじ2
A	しょうゆ、ごま油	各小さじ1
A	にんにく（すりおろし）	少々

災害時にもお役立ち！
フェーズフリーMemo

にんじんの皮には栄養があるので、むかなくてOK。災害時はゴミを減らすことができ、一石二鳥。

● 作り方

1. にんじんは皮ごとスライサーでせん切りにする。
2. アイラップに1と水を入れ、袋の空気を抜いて先をねじり、上のほうで結ぶ。
3. 耐熱皿を敷いて湯を沸かした鍋に入れ、湯せんで10分ゆでる。袋を開き、Aを加えてあえる。

キャベツのガーリックチーズ蒸し

加熱前

通常
湯せんで 15分

災害時

＋

※ふたをして水からゆで、沸騰した後の調理時間

● 材料（2人分）

キャベツ	1/4個
バター	10g
顆粒コンソメ	小さじ1/2
にんにく（すりおろし）	小さじ1/3
ピザ用チーズ	30g
黒こしょう	適量

★代替食材／キャベツは白菜やピーマンに代えても。

● 作り方

1. キャベツはざく切りにする。
2. アイラップに1、バター、にんにく、顆粒コンソメを入れてよく混ぜ、袋の空気を抜いて先をねじり、上のほうで結ぶ。
3. 耐熱皿を敷いて湯を沸かした鍋に入れ、湯せんで15分ゆでる。袋を開き、チーズを加えてよく混ぜ、器に盛って黒こしょうをふる。

chapter

3 缶詰&レトルトが主役のおかず

3日目以降に使いたい主食材を使って

缶詰やレトルトの味を調味料として上手に活用すれば、
さらに簡単！　災害時はもちろん、忙しい毎日の味方に。

サバの旨みで
野菜がモリモリ食べられます

加熱いらず

サバ缶 コールスロー

漬ける時間 10分

● 材料（4人分）

サバ水煮缶	1缶（190g）
せん切りキャベツ（市販品）	1袋（150g）
にんじん	1/3本（50g）
A マヨネーズ	大さじ2
A 酢	大さじ1
A はちみつ	小さじ1
A 黒こしょう	少々

★ 代替食材／サバ缶はほかの魚缶で代用可。

● 作り方

1. にんじんはスライサーでせん切りにする。
2. アイラップに1とキャベツ、Aを入れて袋の上からもむ。缶汁をきったサバを加え、空気を抜いて口を閉じ、10分以上おいて混ぜる。

災害時にもお役立ち！
フェーズフリーMemo

サバ水煮缶の缶汁は栄養豊富！ 捨てずにみそ汁などの汁ものに活用すれば、だしいらずで1品に。災害時は生ゴミが増えない利点がある。

混ぜるだけフムス
白ごまとレモン汁をたっぷり
効かせて本場の味に。
ほかの豆でも
混ぜるだけチリコンカン
市販のミートソースを
使えば、短時間でも
味わい深いチリコンカンに

＼もむだけ／

すぐでき！

加熱いらず

混ぜるだけフムス

● 材料（作りやすい分量）

	蒸し大豆缶	1缶（140g）
A	白練りごま、オリーブ油	各大さじ1
A	レモン汁	小さじ1
A	にんにく（すりおろし）	少々
A	塩	ふたつまみ
	チリペッパー（好みで）	適量
	クラッカー（あれば）	適量

● 作り方

1. アイラップに大豆を入れ、袋の外からつぶす。Aを加えて全体をよくもみ混ぜる。器に盛り、好みでチリペッパーをふり、あればクラッカーを添える。

POINT 仕上げにチリペッパーやクミンなどをふると本格的な味わいになる。

災害時にもお役立ち！
フェーズフリーMemo

レモン汁は市販品でもOK！ストックしておくと、災害時の味変に活躍する。

＼混ぜるだけ／

加熱いらず

混ぜるだけチリコンカン

● 材料（作りやすい分量）

ミックスビーンズ缶	1缶（120g）
ホールコーン缶	50g
ミートソース（レトルト）	1袋（130g）
カレー粉	小さじ1/2
チリペッパー	少々

★代替食材／ミックスビーンズ缶は大豆やひよこ豆などの豆缶に代えても。

● 作り方

1. アイラップにすべての材料を入れて混ぜる。

飲み干したくなるほど
汁も絶品。トマトとサバの
相性のよさを再認識！

サバとトマトのみそ煮

※ふたをして水からゆで、沸騰した後の調理時間

● 材料（2人分）

サバのみそ煮缶……………………1缶（190g）
トマト………………………………1個
粉チーズ、ドライパセリ…………各適量

★ 代替食材／サバのみそ煮缶はいわしのみそ煮缶のほか、魚介類の水煮缶でもOK。

● 作り方

1. トマトはざく切りにする。
2. アイラップに1とサバを缶汁ごと入れ、袋の空気を抜いて先をねじり、上のほうで結ぶ。
3. 耐熱皿を敷いて湯を沸かした鍋に入れ、湯せんで10分ゆでる。器に盛り、粉チーズとドライパセリをふる。

POINT

サバ缶は缶汁ごと使えば栄養満点。調味料代わりになるので、味つけも不要！

焼き鳥缶で親子煮

● 材料（1人分）

焼き鳥缶（たれ味）…………1缶（85g）
卵……………………………1個
七味唐辛子（好みで）……適量

★代替食材／焼き鳥缶はほかの味つけでもOK。

● 作り方

1. アイラップに卵を入れてよくもむ。焼き鳥を缶汁ごと加えてよく混ぜ、袋の空気を抜いて先をねじり、下のほうで結ぶ。

2. 耐熱皿を敷いて湯を沸かした鍋に入れ、湯せんで10分ゆでる。器に盛り、好みで七味唐辛子をふる。

焼き鳥缶の缶汁が調味料になり、これだけで味が完成するので、食材が限られる災害時は便利。時短にもなる。

ツナとにんじんのチャンプルー

※ふたをして水からゆで、沸騰した後の調理時間

材料（2人分）

ツナ缶	1缶（70g）
卵	1個
にんじん	1本（150g）
めんつゆ（3倍濃縮）	小さじ2
小ねぎ（小口切り）	適量

★ 代替食材／にんじんはキャベツやピーマンに代えても。

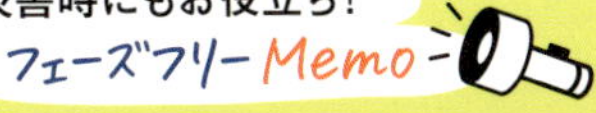

にんじんはスライサーを使えばまな板いらずで洗いものが減り、節水に。細く、均一に切れるので、加熱時間も短く節ガスにも。味が均一に入る利点も。

作り方

1. にんじんはスライサーでせん切りにする。
2. アイラップに卵とめんつゆを入れてよくもむ。1とツナを缶汁ごと加えてよく混ぜ、袋の空気を抜いて先をねじり、上のほうで結ぶ。
3. 耐熱皿を敷いて湯を沸かした鍋に入れ、湯せんで10分ゆでる。器に盛り、小ねぎを散らす。

大根の明太子サラダ
パスタソースの使い方に
目からウロコ。
まろやか風味です
ツナと切り干し大根の赤じそあえ
噛むほどにさわやかな
香りがじわ〜っ♪
戻さず調理できるのも◎

加熱いらず

大根の明太子サラダ

● 材料（作りやすい分量）

大根……250g
明太子パスタソース（レトルト）……1袋（1人分）

★ 代替食材／明太子パスタソースはたらこパスタソースやバジルパスタソースでもOK。

● 作り方

1. 大根はスライサーで細切りにする。
2. アイラップに1とパスタソースを入れてよく混ぜる。器に盛り、あれば付属の刻みのりを飾る。

加熱いらず

ツナと切り干し大根の赤じそあえ

もむだけ

漬ける時間 20分

● 材料（作りやすい分量）

ツナ缶……1缶（70g）
切り干し大根……30g

A
- マヨネーズ……大さじ1
- 赤じそのふりかけ……小さじ2

★ 代替食材／赤じそのふりかけは各種ふりかけで代用しても。

● 作り方

1. 切り干し大根はキッチンばさみで食べやすい大きさに切る。
2. アイラップに1、ツナを缶汁ごと加えて袋の上からもみ、Aを加えてさらにもみ、そのまま20分以上おく。

切り干し大根はツナの缶汁を使って戻す。もっとやわらかく仕上げたいときは、さっと洗ってから調理を。

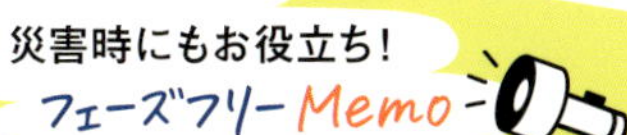

切り干し大根はアイラップの中で切れば、まな板いらず。また、ツナ缶の缶汁で戻せば、旨みたっぷり！どちらも災害時は節水になる。

ミックスきのこの ペペロンチーノ

通常

湯せんで 10分

災害時

湯せんで 沸騰後 5分 ＋ 余熱で 5分

※ふたをして水からゆで、沸騰した後の調理時間

● 材料（2人分）

しいたけ、しめじ、えのき … 計200g
ペペロンチーノソース（レトルト） …… 1袋（1人分）

★ 代替食材／きのこはエリンギやまいたけなど、あるものでOK。

● 作り方

1. しいたけは薄切り、しめじは根元を切り落としてほぐし、えのきは根元を切り落として長さを半分に切る。
2. アイラップに1とペペロンチーノソースを入れて軽くもみ、袋の空気を抜いて先をねじり、上のほうで結ぶ。
3. 耐熱皿を敷いて湯を沸かした鍋に入れ、湯せんで10分ゆでる。仕上げにあれば付属のトッピングを散らす。

カレーミルクスープ

通常
湯せんで10分

災害時
湯せんで沸騰後5分 + 余熱で5分

※ふたをして水からゆで、沸騰した後の調理時間

● 材料（2人分）

レトルトカレー……1袋（1人分）
牛乳……150mℓ
顆粒コンソメ……小さじ2/3
ドライパセリ（好みで）……適量

★代替食材／レトルトカレーはミートソースのレトルトにしても。

● 作り方

1. アイラップ2枚に、レトルトカレーと牛乳、顆粒コンソメを半量ずつ入れてよく混ぜ、袋の空気を抜いて先をねじり、上のほうで結ぶ。
2. 耐熱皿を敷いて湯を沸かした鍋に入れ、湯せんで10分ゆでる。器に盛り、好みでドライパセリをふる。

災害時にもお役立ち！
フェーズフリーMemo

長期保存できるロングライフの牛乳なら、停電時でも使用可。ストックしておくと便利。

Column ❶

＼作っておくと便利！／

自家製冷凍ミックス野菜のススメ

冷蔵庫には、使い切れなかった野菜が少しずつ残っているものですよね。そんなときは、少量ずつミックスしてアイラップに入れ、冷凍してしまうのが正解です。冷凍すると繊維が壊れるので、生のまま冷凍可能。火の通りが早くなるので、炒めもの、汁ものなどに、ササッと使うことができて、日常はもちろん、災害時も便利です。使い勝手のいいミックス野菜を紹介します。

※ 家族の人数に合わせ、
1度に使いやすい分量で保存してください。

● 洋風野菜ミックス

2cm角に切った、玉ねぎ、赤パプリカ、ズッキーニ。

この料理に！／スパニッシュオムレツ、ドライカレー、ラタトゥイユ、パスタ

冷凍方法

アイラップにカットした野菜を入れ、空気を抜いて口を結ぶ。

使用方法

解凍不要で、凍ったまま調理できる。

汎用性の高さはピカー。
和・洋・中
すべておまかせ

● 炒め野菜ミックス

ざく切りにしたキャベツ、細切りにしたにんじんとピーマン。

この料理に！／肉野菜炒め、コンソメスープ、焼きそば、みそラーメン

● きのこミックス

好みのきのこを数種類合わせ、食べやすく切る、またはほぐす。

この料理に!／みそ汁、ハヤシライス、鶏のクリーム煮、パスタ

冷凍で細胞が
壊れるので
面倒な下ゆで不要で
時短に貢献

● 根菜ミックス

薄いいちょう切りにした大根とれんこん、そぎ切りにしたごぼう。

この料理に!／けんちん汁、和風カレー、煮もの、サラダパスタ

● せん切り野菜ミックス

せん切りにした玉ねぎ、にんじん、ピーマン。

この料理に!／ラーメン、プルコギ、中華スープ

● スープミックス

ざく切りにした白菜、斜め薄切りにした長ねぎ、せん切りにしたしょうが。

この料理に!／みそ汁、中華スープ、あんかけ各種、鍋

● ピラフミックス

1㎝角に切った玉ねぎ、ピーマン、にんじんと水煮のホールコーン。

この料理に!／ピラフ、ドライカレー、チャーハン、オムレツ、洋風スープ

● 中華ミックス

もやし、3㎝長さに切ったにら、薄切りにしたにんにく。

この料理に!／ラーメン、中華スープ、ナムル、親子煮、野菜炒め

Column 2

\ 災害に強くなる！ /

冷凍室 活用術

POINT 1

冷凍庫内はできるだけ ギュウギュウに詰める

詰まっていれば冷気が逃げにくく、冷凍食品、自家製野菜ミックス、アイスクリームなど、冷凍室の中の食品はそれ自体が保冷材になるので、溶けにくくなります。7～9割を目安に詰めておきましょう。また、何度も開閉しなくてすむよう、日ごろから中にある食品を把握しておくこともポイントです。

POINT 2

製氷機の中は 氷を満タンにする

氷をアイラップなどの袋に入れると保冷材になり、これを保冷バッグやクーラーボックスに入れれば、簡易的な冷蔵庫になります。また、もし溶けてしまったとしても飲料水や調理用の水に使えるので、ムダになることはありません。

災害時に大規模停電が起こると電化製品は使えなくなりますが、冷蔵庫のいいところは、しばらくは冷気を保ってくれること。特に冷凍室の場合、冷凍されているものが保冷材の役目を果たすので、すぐに食材がダメになることはありません。日ごろから、災害時に強い冷凍室を目指して、準備しておきましょう。

POINT 3

ペットボトルを凍らせておく

冷凍室に余裕があれば、ぜひ入れておきたいのがペットボトル。製氷機の氷と同じように使えますが、大きな塊なので溶けにくく、より効果的。また、冷気は上から下に流れるので、冷蔵室の上段に入れれば、冷蔵室が使えなくなっても、しばらくは時間稼ぎができます。もちろん、溶けた後は生活水として活用すれば、一石二鳥。

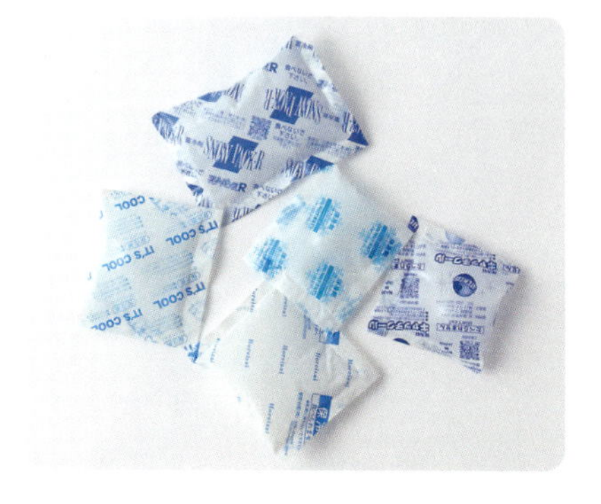

保冷剤を入れておく

保冷剤は製氷機の氷、凍らせたペットボトルと同様に使えるので、冷凍室にストックしておきましょう。小さいので、冷凍室の隙間埋めにも重宝します。また、保冷剤には保温効果があるので、解凍後はカイロにも！　湯せんで温めれば災害時の寒さ対策にも活用できます。
※レンジで温めるのはNG。

主菜にもなる主食が１度に完成するので
災害時は特に便利

1品で満足の主食

ごはんを炊くのはもとより、パスタや麺をゆでるのも、
湯せん調理の得意分野。
調味料と一緒に加熱するので味がよくなじむ、
ソースと同時加熱すれば時短になるなど、
主食の湯せん調理はいいことずくめです。

米・もちで

ベーコンと卵の チャーハン

\ 加熱前 /

通常
湯せんで沸騰後20分 + 余熱で約10分

災害時
湯せんで沸騰後20分 + 余熱で約10分

※災害時は1人分ずつゆでる

● 材料（2人分）

白米（無洗米）……1合(180mℓ)
水……220mℓ
ベーコン……2枚
卵スープの素（フリーズドライ）…1袋

★ 代替食材／ベーコンはハムやチャーシュー、ウインナーソーセージで代用しても。仕上げにカットレタスやクレソンなど、葉野菜を加えても美味。

● 作り方

1. ベーコンは1cm幅に切る。
2. アイラップに米を入れて水を注ぎ、20分ほど浸水させる。1と卵スープの素を加えて袋の空気を抜いて先をねじり、上のほうで結ぶ。
3. 鍋に耐熱皿を敷いて水をはり、2を入れて中火にかける。沸騰したら20分ほどゆで、火を止めて10分ほど蒸らす。

米の浸水もアイラップにおまかせ。具材を加えればそのまま調理できてラク。

甘く、なつかしい
味わい。災害時は
1人分ずつ作って

ケチャップライス

● 材料（2人分）

白米（無洗米）	1合（180mℓ）
水	220mℓ
ウインナーソーセージ	3本
冷凍ミックスベジタブル	50g
トマトケチャップ	大さじ4

★ 代替食材／ウインナーソーセージはベーコンやハム、冷凍ミックスベジタブルはみじん切りにした玉ねぎでもOK。

＼加熱前／

※災害時は1人分ずつゆでる

● 作り方

1. ソーセージは1cm幅に切る。
2. アイラップに米を入れて水を注ぎ、20分ほど浸水させる。1とミックスベジタブル、ケチャップを加えて袋の空気を抜いて先をねじり、上のほうで結ぶ。
3. 鍋に耐熱皿を敷いて水をはり、2を入れて中火にかける。沸騰したら20分ほどゆで、火を止めて10分ほど蒸らす。

冷凍ミックスベジタブルは加熱中に解凍するので、そのまま加えてOK。

オムレツをのせればオムライスに！

アイラップに卵2個、牛乳大さじ1、塩、こしょう各少々を入れ、湯せんで10分ゆでたオムレツをのせ、好みでトマトケチャップをかける。オムレツの詳しい作り方はP57参照。

おもちがとろ〜り、美味。
なめたけで味もバッチリ♪

なめたけおこわ

● 材料（2人分）

白米（無洗米）……1合（180mℓ）
水……220mℓ
切りもち……1個
なめたけ（市販品）……60g
にんじん……1/5本（30g）
小ねぎ（小口切り、あれば）……適量

★ 代替食材／なめたけはキムチやザーサイ、メンマにしても。

● 作り方

1. 切りもちは1cm角に切り、にんじんは細切りにする。

2. アイラップに米を入れて水を注ぎ、20分ほど浸水させる。1となめたけを加えて袋の空気を抜いて先をねじり、上のほうで結ぶ。

3. 鍋に耐熱皿を敷いて水をはり、2を入れて中火にかける。沸騰したら20分ほどゆで、火を止めて10分ほど蒸らす。器に盛り、あれば小ねぎをふる。

※災害時は1人分ずつゆでる

災害時にもお役立ち！
フェーズフリーMemo

賞味期限が長い切りもちは災害時の備蓄品として優秀。米と一緒にアイラップに入れて加熱すれば、腹持ちのいいおこわも簡単。

一緒に湯せんすることで、
おもちとソースが
絶妙にからむ!

もちボロネーゼ

● 材料（1人分）

切りもち……………………………………2個
ボロネーゼソース（レトルト）……1袋（140g）
粉チーズ、ドライパセリ……………各適量

★代替食材／ボロネーゼソースは、ほかのパスタソースやカレー、シチューに代えても。

● 作り方

1. アイラップに切りもちとボロネーゼソースを入れ、袋の空気を抜いて先をねじり、上のほうで結ぶ。
2. 耐熱皿を敷いて湯を沸かした鍋に入れ、湯せんで10分ゆでる。器に盛り、粉チーズとドライパセリをふる。

※ふたをして水からゆで、沸騰した後の調理時間

災害時にもお役立ち！
フェーズフリーMemo

切りもちはレトルトソースやフリーズドライのスープの素と相性抜群。例えばアイラップに卵スープの素と水、切りもちを入れて湯せんで加熱すれば、手軽にお雑煮ができるなど、併せてストックしておけば災害時に重宝する。

湯せんでのゆで方を
マスターすれば
どんなパスタも思いのまま

ミートソース

● 材料（1人分）

スパゲティ（ゆで時間3分のもの）…100g
ミートソース（レトルト）…1袋（1人分）
粉チーズ、ドライパセリ…各適量

A
熱湯…300mℓ
塩…小さじ1/3

★ 代替食材／ミートソースは好みのパスタソースでOK。

加熱前

通常 湯せんで4分

災害時 湯せんで4分

● 作り方

1. アイラップに半分に折ったスパゲティと A を入れ、袋の空気を抜いて先をねじり、上のほうで結ぶ。
2. 耐熱皿を敷いて湯を沸かした鍋にミートソースの袋と一緒に入れ、湯せんで4分ゆでる。
3. アイラップの端に爪楊枝で数か所穴を開け、スパゲティの湯をきる。器に盛り、ミートソースをかけ、粉チーズとパセリをふる。

POINT 袋にすっぽり入ってしっかり湯に浸かるように、パスタは半分に折る。アイラップに穴を数か所開けるだけで、パスタの湯きりもラクラク。

災害時にもお役立ち！
フェーズフリーMemo

パスタは早ゆでタイプを使用し、ソースと同じ鍋で湯せんすれば、災害時は節ガスになる。

ゆでてあえるだけのパスタもおすすめ！

塩昆布の和風パスタ

湯せんでゆでて湯きりしたスパゲティに塩昆布10g、バター10g、しょうゆ小さじ1/2を加えてよく混ぜ、器に盛って青のり粉適量をふる。

コーンクリームスープパスタ

通常
湯せんで4分

災害時
湯せんで4分

● 材料（1人分）

スパゲティ（ゆで時間3分のもの）……100g
ベーコン……2枚

A	熱湯	300mℓ
	顆粒コンソメ	小さじ1/2
	にんにく（すりおろし）	少々

コーンクリームスープの素……1袋
粉チーズ、ドライパセリ……各適量

★ 代替食材／コーンクリームスープはトマトソースやコンソメスープなど好みのスープの素で代用しても。

● 作り方

1. ベーコンは1cm幅に切る。
2. アイラップに半分に折ったスパゲティと1、Aを入れ、袋の空気を抜いて先をねじり、上のほうで結ぶ。
3. 耐熱皿を敷いて湯を沸かした鍋に入れ、湯せんで4分ゆでる。袋を開き、コーンスープの素を加えてよく混ぜ、器に盛って粉チーズとパセリをふる。

ささみの赤じそマヨパスタ

● 材料(1人分)

スパゲティ(ゆで時間3分のもの)
……100g
鶏ささみ……2本

	熱湯	300ml
A	顆粒鶏がらスープの素	小さじ1/2
	にんにく(すりおろし)	少々

マヨネーズ……大さじ1
赤じそのふりかけ……小さじ1
小ねぎ(小口切り)……適量

★ 代替食材/鶏ささみはちくわやかに風味かまぼこに代えても。

POINT

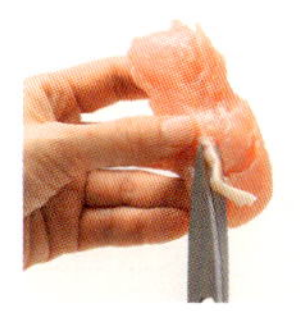

鶏ささみの筋はキッチンばさみを使えば簡単!まな板と包丁が汚れず、災害時は節水になる。

加熱前

通常 湯せんで4分

災害時 湯せんで4分

● 作り方

1. ささみは筋を取って斜め薄切りにする。
2. アイラップに半分に折ったスパゲティと1、Aを入れ、袋の空気を抜いて先をねじり、上のほうで結ぶ。
3. 耐熱皿を敷いて湯を沸かした鍋に入れ、湯せんで4分ゆでる。袋の端に爪楊枝で数か所穴を開け、湯をきる。器に盛ってマヨネーズと赤じそのふりかけを加えてよく混ぜ、小ねぎをふる。

専門店に負けない!
アルデンテの極上パスタ

ツナとしめじのトマトペンネ

加熱前

通常
湯せんで 5分

● 材料（1人分）

	ペンネ（ゆで時間3分のもの）	60g
	ツナ缶	1/2缶（35g）
	しめじ	1/2パック（50g）
A	熱湯	100mℓ
A	野菜ジュース（食塩不使用）	100mℓ
A	トマトケチャップ	大さじ1
A	顆粒コンソメ	小さじ1
A	にんにく（すりおろし）	少々
	パセリのみじん切り	適量

★代替食材／ペンネは好みのショートパスタ、しめじは好きなきのこでOK。ツナ缶はさば缶やオイルサーディンでも。また、野菜ジュースを牛乳や豆乳にすればクリーム系パスタになる。

● 作り方

1. しめじは根元を切ってほぐす。
2. アイラップにペンネと1、A、ツナを缶汁ごと入れて軽く混ぜ、袋の空気を抜いて先をねじり、上のほうで結ぶ。
3. 耐熱皿を敷いて湯を沸かした鍋に入れ、湯せんで5分ゆでる。器に盛り、パセリをふる。

フライパンで作るより
カンタンで、味もよし

焼きそば

通常
湯せんで 10分

災害時
湯せんで沸騰後 5分 + 余熱で 5分

※ふたをして水からゆで、沸騰した後の調理時間

● 材料（1人分）

焼きそば麺（ソース付き）…………1玉
魚肉ソーセージ……………………1/2本
カット野菜（炒め野菜ミックス）……1/2袋（約120g）
青のり粉………………………………適量

★ 代替食材／カット野菜はもやしや
せん切りキャベツなど、あるものでOK。

● 作り方

1. ソーセージは約5㎜幅の斜め切りにする。
2. アイラップに野菜、1、焼きそば麺を順に入れ、付属のソースをかける。水大さじ1（分量外）をふり、袋の空気を抜いて先をねじり、上のほうで結ぶ。
3. 耐熱皿を敷いて湯を沸かした鍋に入れ、湯せんで10分ゆでる。袋の上からもみ、麺がほぐれてよく混ざったら器に盛り、青のり粉をふる。

麺の上に附属のソースをかけることで、味がよくなじむ。

湯せん後、アイラップの上からもむと麺がほぐれ、具材とよく混ざる。熱いので、布巾に包むこと。

夜食や食欲がない日に、
おすすめ。
つるつるっとイケます

かけうどん

● 材料（1人分）

冷凍うどん……1玉

A
- めんつゆ（3倍濃縮）……大さじ2
- 熱湯……200mℓ

乾燥わかめ……大さじ1/2
天かす……大さじ1
かまぼこ（薄切り）……2枚

余熱前

通常 余熱で約1分

災害時 余熱で約1分

● 作り方

1. 乾燥わかめは水で戻す。
2. アイラップに冷凍うどんを入れ、かぶるくらいの熱湯（分量外）を注ぎ、袋を閉じて30秒〜1分ほどおく。袋の端に爪楊枝で数か所穴を開け、湯をきる。
3. 器にAを入れて2を加え、1、天かす、かまぼこをのせる。

POINT

冷凍うどんは熱湯を注ぎ、解凍する。浸しておく時間は袋のゆで時間に合わせる。

かけうどんトッピングバリエ

梅とろろうどん

梅干し1個、とろろ昆布・小ねぎ（小口切り）各適量をのせる。

カレーうどん

レトルトカレー80〜100g、長ねぎ（小口切り）適量をのせる。

Column 3

＼満足感のある主食がスグできる！／

災害時はパンが便利

ごはんや麺類など、主食になる炭水化物のほとんどは加熱調理が必要ですが、パンは別。そのまま食べることができ、今ある食材をはさむだけで、空腹が満たされる主食が簡単に完成します。そう、災害時はパンが便利なのです。常温で、冷凍で、ぜひ日常的にストックしておきましょう。

ラタトゥイユ(P65)をのせてオープンサンドに！

にんじんのナムル(P67)をはさんでサンドイッチに！

副菜をのせて、はさんでサッと1品できます

※ふたをして水からゆで、
沸騰した後の調理時間

卵サンド

● 材料（2人分）

ロールパン		4個
卵		2個
A	マヨネーズ	大さじ2
	塩、こしょう	各少々
ドライパセリ（好みで）		適量

包丁で刻む代わりに、熱いうちに手早くもんで卵を細かくする。熱いので布巾で包むこと。

● 作り方

1. アイラップに卵を入れてよくもむ。袋の空気を抜いて先をねじり、上のほうで結ぶ。
2. 耐熱皿を敷いて湯を沸かした鍋に入れ、湯せんで5分加熱する。取り出して布巾で包み、細かくなるようにもみ、粗熱がとれたら袋を開いて **A** を加えて混ぜる。
3. ロールパンの中央に切り込みを入れ、**2** を1/4量ずつはさみ、好みでドライパセリをふる。

加熱いらず

サバカレーサンド

● 材料（2人分）

食パン（6枚切り）		4枚
サバ水煮缶		1缶（190g）
A	マヨネーズ	大さじ2
	カレー粉	小さじ1

● 作り方

1. サバ水煮は缶汁をきってアイラップに入れ、Aを加えて袋の上からもむ。
2. 食パンに1を半量ずつのせてサンドし、半分に切る。

災害時にもお役立ち!
フェーズフリーMemo

食欲をそそられるだけでなく、カレー粉の香りには腸内環境を整える、免疫システムをサポートするといった働きがあるといわれています。体調を崩しやすい災害時は、特におすすめです。

通常
湯せんで10分

災害時
湯せんで沸騰後5分 + 余熱で5分

※ふたをして水からゆで、沸騰した後の調理時間

フレンチトースト

● 材料（1人分）

	食パン（6枚切り）	1枚
A	卵	1個
A	牛乳	大さじ4
A	砂糖	大さじ1/2
	メープルシロップ	適量

重ならないように入れると、くっつかず、仕上がりがきれいになる。

● 作り方

1. 食パンは6等分に切る。
2. アイラップにAを入れ、袋の上から卵を押しつぶし、よくもみほぐす。1を加えて全体に浸し、重ならないように並べ、袋の空気を抜いて先をねじり、上のほうで結ぶ。
3. 耐熱皿を敷いて湯を沸かした鍋に入れ、湯せんで10分ゆでる。器に盛り、メープルシロップをかける。

part 3

よくある食材を有効活用して

みんな大好き和み系おやつ

湯せん調理は万能で、おやつもおいしくできます。
いつもの時も、もしもの時も、
甘いものを食べて、ほっと和んで。

チョコクランチ
食感に惹かれて
手が止まらなくなります

チョコ蒸しパン
板チョコは
ホワイトやいちごなど、
好きなフレーバーでOK！

余熱前

通常
余熱で
5分

災害時
余熱で
5分

チョコクランチ

● 材料（作りやすい分量）

板チョコレート……1枚（約50g）
オートミール………40g

★ 代替食材／オートミールは砕いたコーンフレークやパン粉で代用可。

耐熱皿ではなくザルや耐熱ボウルでOK。安定するので、袋の口は閉じなくてもいい。

● 作り方

1. チョコレートは手で粗く砕いてアイラップに入れ、袋の口は閉じない。
2. 湯を沸かしてザル（または耐熱ボウル）を敷いた鍋に 1 を入れ、火を止めて5分ほどおき、チョコレートを溶かす。
3. オートミールを加えてよく混ぜ、ラップ（またはクッキングシート）の上にスプーンでひと口大に落とし、固まるまでおく。

加熱前

通常
湯せんで
15分

災害時
湯せんで
15分

チョコ蒸しパン

● 材料（作りやすい分量）

板チョコレート……………………25g
ホットケーキミックス……………100g
牛乳……………………………………100mℓ

★ 代替食材／牛乳は水や豆乳に代えても。

● 作り方

1. チョコレートは手で粗く砕く。
2. アイラップにホットケーキミックスと牛乳を入れてよく混ぜる。1 を加え、生地を袋の下に集め、袋の空気を抜いて先をねじり、上のほうで結ぶ。
3. 耐熱皿を敷いて湯を沸かした鍋に入れ、湯せんで15分ゆでる。

豆乳プリン

● 材料（1人分）

卵……1個
豆乳……100mℓ
砂糖……大さじ1
バニラエッセンス（あれば）……2～3滴

★ 代替食材／豆乳は牛乳に代えても。

● 作り方

1. アイラップに卵を入れてよくもむ。砂糖、豆乳、あればバニラエッセンスを加えてよくもむ。袋の空気を抜いて先をねじり、下のほうで結ぶ。

2. 耐熱皿を敷いて湯を沸かした鍋に入れ、湯せんで10分ゆでる。

コーヒーゼリー

● 材料（4人分）

インスタントコーヒー、砂糖……各大さじ2

A 水……400mℓ
粉寒天……1袋（4g）

コーヒーフレッシュ（あれば）……適量

● 作り方

1. アイラップにAを入れ、袋の空気を抜いて先をねじり、上のほうで結ぶ。
2. 鍋に耐熱皿を敷いて水をはり、1を入れて中火にかけ、沸騰したら吹きこぼれないよう2分ほどゆでる。
3. 袋ごと耐熱容器に入れ、袋を開く。インスタントコーヒーと砂糖を加えてよく混ぜ、粗熱がとれたら袋のまま冷やし固める。崩して器に盛り、あればコーヒーフレッシュをかける。

液体が流れ出ないように、耐熱容器に入れてからコーヒーなどを加える。

災害時にもお役立ち！
フェーズフリーMemo

粉寒天は常温でも固まるので、災害時のおやつにもってこい。しっかり2分ほど沸騰させないと固まらないので注意。

Column 4

ストレスを少しでも和らげるために

嗜好品も備蓄しておきましょう

大好きな香りでリラックス

大規模災害が起きると、体と同じくらいにダメージを受けるのが心です。でも、「今はそれどころじゃない」「我慢しなくては」という想いが強く、心のことは後回しにしてしまうことがほとんど。災害が起きたショック、日々の緊張、将来への不安などが重なり、さらにダメージが広がっていきます。心と体はつながっているので、やがて体の不調の原因にもなります。そんなときは、嗜好品。私たちは、心地よい香りや味、食感に触れると、それだけで心の鎧がとれ、リラックスできるからです。忘れずに備蓄して、心をケアしてあげましょう。

お菓子系でおすすめは、チョコレートやナッツ、ドライフルーツ。味や食感がいいだけでなく、食物繊維が含まれるので、便秘になりがちな災害時は、腸のケアにももってこいなのです。ナッツは食塩不使用の、ローストタイプを選びましょう。

ナッツやドライフルーツ、チョコレートなどのお菓子

紅茶やコーヒーなど、好きな飲みもの

飲みものは、好きなものでOK。スティックやティーバッグ、水でも溶けるパウダーなど、災害時でも手軽に飲めるものを準備しておきましょう。ティーバッグは少し時間はかかりますが、水出しでもOK。ポットに作っておいてもいいですね。

＼知っておきたい／

防災のキホンのキ

みなさんは大規模災害に備えて何か準備をされていますか？　2023年の内閣府の調査によると、食料品等の備蓄をしている人は半数にも満たない、という結果になりました。言われるまでもなく、日本は災害大国。なかなか自分事としては捉えられませんが、大地震、集中豪雨、台風など、全国、どこで大規模災害が起きてもおかしくない状況です。災害のためといわれるとなかなか重い腰が上がりませんが、日常時と区別しない備えなら、よりスムーズに行えるはず。防災に関して知っておきたいこと、備えておきたい基本のことを紹介しますので、今こそ見直して、もしもの時に慌てないように備えておきましょう。

在宅避難に備えて
おうち備蓄を
しましょう

ローリング
ストックを
始めよう！

作って
おきたい！
災害メモ

食料以外も
必要です！
在宅避難の
備蓄品リスト

フェーズフリーで
使える！
常備したい
食品カタログ

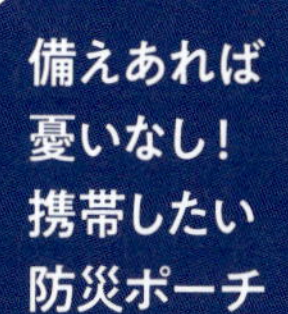

備えあれば
憂いなし！
携帯したい
防災ポーチ

一時避難用の
持ち出し袋を
用意しましょう

災害時、
アイラップは
こんなことにも
使えます

在宅避難に備えて おうち備蓄をしましょう

現在、特に都市部では、自宅に危険がない限りは在宅での避難が現実的です。また、小さい子どもや高齢者、ペットがいる、持病があるなど、避難所の環境を考えると、自宅にいたほうが何かと助かるケースも多々あります。内閣府によると、各家庭に配給食等が届くまでに要する期間は約１週間。つまり、在宅避難に備えて７日分のおうち備蓄が必要になります。具体的にイメージして備蓄に必要な量を計算し、備蓄しておきましょう。賞味期限切れを防ぐためにも、どこに何があるか把握できる収納方法も大切です。

食料の目安は…

家族の人数
×
7日分

水の目安は…

1人3ℓ
×
家族の人数
×
7日分

3ℓ分

収納のコツ

● 目立つところに賞味期限を書く

表示が小さい、表示がわかりにくいなど、賞味期限を見失いがちなものには、目立つところに書き直しておきましょう。テープとペンをキッチンに用意しておくと便利です。

● 補充は奥からする

収納するときは、それぞれの食品の定位置を決めておくと、量が把握しやすくなります。「使うのは手前から、補充は奥から」を徹底すれば、賞味期限切れの心配がなくなります。

● 日常食はキッチン収納

よく使う食品は、キッチンに収納しておきましょう。取り出しやすく、ひと目で何があるかわかるように、種類ごとにカゴなどに入れ、立てて収納しておくのがおすすめです。

● 水は分散収納でもOK

量も多く、かさばる水をキッチンに収納するのは困難。寝室のクローゼット、物置など、家の中のデッドスペースを有効活用しましょう。寝室などに閉じ込められた場合も役立ちます。

開封後は

あまり使わない調味料は開封日を書く

乾物はクリップで留める

賞味期限に関係なく、一度開封した食品は早めに使い切ります。例えば調味料はドアポケットに集中させるなど、工夫して収納すると使い忘れがありません。頻繁に使わない調味料なら冷凍がおすすめ。なお、使いかけの野菜は、専用ボックスを作ると便利です。

ローリングストックを始めよう！

フェーズフリーな備蓄を実践するうえで、わかりやすく、有効的なのがローリングストックです。やり方を簡単に紹介しましょう。

ローリングストックって何？

いつも使用している食品を少し多めに買い置きし、古いものから使って、その分を買い足すことで、常に新しく、十分な量の食品が備蓄できる方法です。

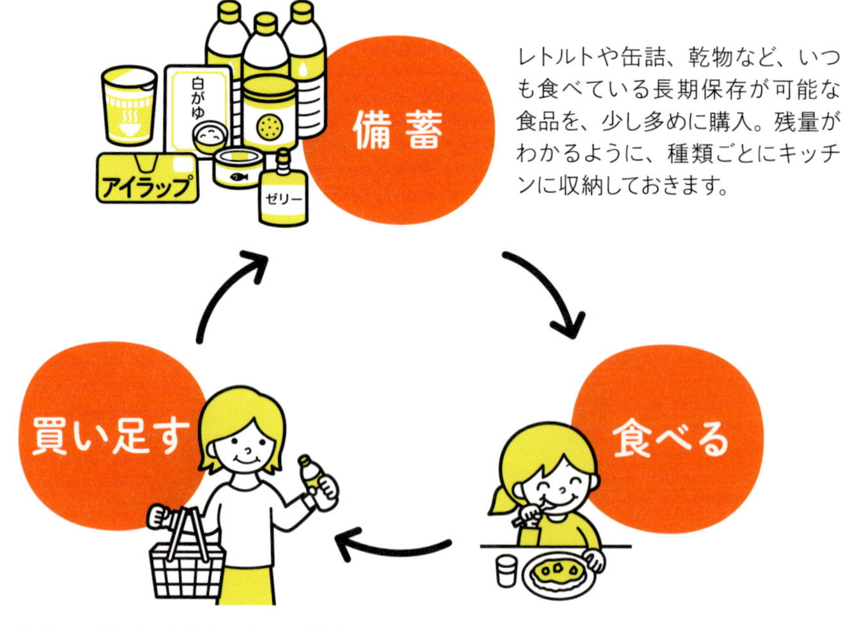

レトルトや缶詰、乾物など、いつも食べている長期保存が可能な食品を、少し多めに購入。残量がわかるように、種類ごとにキッチンに収納しておきます。

いつもの食事で、賞味期限が残り少ない順番に消費します。結果的にあまり消費されないものは、ローリングストックから外し、別のものと入れ替える見直しも必要。

消費して減った分を少し多めに補充します。まとめるより、日常的にこまめに買い足しておくほうがベター。気になる商品があれば、新たに加えてもOKです。

ローリングストックの利点

1 選べる食品の幅が広い

防災用に特化した食品に比べ、缶詰やレトルト、乾物は種類が豊富。ロングライフ紙パックの豆腐や牛乳、紙パックの野菜の水煮などもあります。その分、防災用の食品よりも賞味期限は短いことが多いですが、ローリングストックならOK。

2 備蓄してある場所を把握できる

いつもの食事で使う食品は、基本的にキッチンまわりに収納しておけば、備蓄場所を見失うことはありません。これは家族も同様。いざというときに、例えば子どもだけでも、すぐに食品を見つけることができます。

3 期限切れを防ぐことができる

いつも食べている食品なので、使い忘れがなく、賞味期限切れになることは、まずありません。子どもの成長や嗜好の変化で食べなくなった食品があっても、量が減らないのですぐにわかります。その場合は、食品の見直しを。

4 慣れている食品を準備できる

大規模災害が起こった場合でも、いつも食べ慣れているものに近いものを口にできれば、1番のストレス軽減になります。防災用食品と違い、いつも食べているので食べ方に迷うこともあまりありません。

ローリングストックQ&A

Q いつ食べればいいですか?

A. 賞味期限以内なら、いつ食べてもOK! いつものように、食べたいときに、食べてください。消費したらすぐに補充していくシステムなので、備蓄品がなくなる心配も不要です。年に数回、見直すと食べ忘れを防げます。

Q おすすめの食品はある?

A. 要冷蔵の食品でなければ、基本、どんな食材でも大丈夫。ただし、賞味期限が半年以下の食品の場合、よほど頻繁に食べるものでなければ、ストックには適しません。家族が食べる頻度もチェックしましょう。

Q 栄養バランスを整えるには?

A. ロングライフ紙パックのジュース、乾燥野菜や海藻、缶ジュース、紙パックの野菜の水煮など、食物繊維やビタミン、ミネラルが摂れるものを加えておくと、安心です。これで栄養バランスを整えることができます。

＼フェーズフリーで使える！／

常備したい食品カタログ

日常時はもちろん、災害時やローリングストックにも
おすすめの食品をピックアップしました。
これを参考に、好みの食品を選んでください。

フリーズドライのおみそ汁

家族それぞれ好きなみそ汁をストックしておくと、忙しい毎日のお助け役に。災害時には、疲れた体、特に胃腸を温めることができ、食物繊維やビタミン、ミネラルの補給源にも。

ロングライフ紙パックの豆腐と牛乳

紙パックに無菌充てんするロングライフ製法を採用した豆腐や牛乳で、6か月近く長期保存できるものも。そのまま口に入れても、料理の素材としても、あると確実に便利です。

紙パックの野菜の水煮

長期常温保存できる紙パックの野菜の水煮があると重宝します。缶に比べて保存しやすく、災害時はゴミを減らせる利点も。ビタミンやミネラルを手軽に摂れるのも魅力です。

フリーズドライの薬味

ちょっと彩りや香りが欲しいときに、わざわざ切らなくてもパパッと使えるので、日常的に活躍します。ドライパセリなどのドライハーブでも。

冷凍野菜

野菜の価格が高騰しても、比較的安定しているのが冷凍野菜。下処理が不要で、必要なときにいつでも使えるのが便利です。災害時は自然解凍でそのまま食べられるものが重宝します。

レトルトのお惣菜

ごはんと一緒に湯せん調理すれば、大満足のワンディッシュに！　あと1品欲しいとき、忙しいときのためにも、複数揃えておきたい食品です。いろいろ試して好みの味を見つけて。

カップ雑炊

湯を注いで混ぜるだけで、器が不要なのが大きなメリット。スープだけより、雑炊、リゾット、スープパスタなど、ごはんや麺が入ったものだと1品でも満足できるので、災害時は◎。

備蓄おやつ

ひと口サイズの備蓄用のおやつは、味も優秀。特にようかんは長期保存でき、小腹が空いたときにもぴったりです。ローリングストックには、スイーツ系も入れておくといいですね。

パックごはんやおにぎり

何はなくても温かいごはんがあれば気分が落ち着くもの。湯せんでも温められるので、パックごはんはマストでストックを。また、湯を注ぐだけで完成するおにぎりなどもおすすめです。

＼食料以外も必要です！／

在宅避難の備蓄品リスト

□ **トイレットペーパー**

生活に不可欠。1人1週間あたり、1ロールが使用の目安ですが、多めにストックしたいところ。

□ **ティッシュ**

意外と違うのが触り心地。好きなタイプを見つけておくと、ストレスを和らげてくれます。

□ **ウェットタオル**

手やテーブルまわりを拭くときに。また、お風呂に入れないときは、ボディタオルとしても重宝。

□ **マスク**

災害時は特に感染対策やアレルギー症状予防が重要。冬期は寒さ対策にもなります。

□ **生理用品**

使い慣れているものがベター。周期サイクルを崩しやすいので、最低でも1～2周期分多めに用意を。

□ **消毒液**

断水などで、手が洗えないときのため、消毒用にあると安心。必要に応じて赤ちゃん用やペット用も。

□ **石鹸**

健康を守るための必需品。ハンド用も、ボディ用も、使い慣れているものを多めに用意。

□ **洗剤**

いつもの洗剤に加え、停電に備え、手洗い用の洗剤があると便利です。

□ **常備薬・コンタクトレンズ**

ないと日常生活に支障を来すので、最低でも1週間分は余分に用意しておきましょう。

□ **カセットコンロ・ボンベ**

熱源の確保は重要。1年に1度は使用期限を確認し、使えるものを準備してください。

□ **ラップ・アルミホイル**

断水時は器に敷くほか、体に巻けば防寒具にもなります。

□ **ペーパータオル**

ティッシュより丈夫なので、キッチンまわりはもとより、いろんなシーンで使えます。

□ **クッキングシート**

フライパンに敷いて調理可能。フライパン専用のアルミシートでもOKです。

□ **ゴミ袋&ポリ袋**

湯せん調理用、防水袋、ラップ代わりなど、用途は多彩。特にアイラップがおすすめ。

□ **ポリ手袋**

手からの汚染、手への汚染を避けるため、手袋は必須。使い切りタイプが最適です。

□ **手回し充電ラジオ**

災害時、ラジオは情報収集ツールとして優秀です。停電時でも使えるタイプを。

□ **懐中電灯・ランタン**

停電時、家の中を安全に移動するときに必要。携帯用など、大小揃えておきましょう。

□ **ヘッドライト**

両手がふさがらないので、行動するときは懐中電灯よりも便利。電池も一緒に保管しておくと安心。

□ **電池式充電器**

乾電池で使用できる充電器。停電時でも電池さえあれば何度でも充電できます。

□ **乾電池**

防災用品に必要な乾電池の種類をチェックし、必要なものを多めに用意しておきましょう。

□ **ヘルメット**

大切な頭を落下物から守ってくれるヘルメット。手の届くところに備えておけば安心です。

□ **給水バッグ**

断水時、給水車から水を運ぶときなどに。かさばるので、折りたたみ式が便利です。

□ **トイレ凝固剤**

断水時でも使える必需品。いろいろなタイプがあるので、実際に使って快適なものを選んで。

□ **ドライシャンプー**

湯や水がなくても使えるシャンプー。洗髪できると気分がスッキリするのであると快適です。

□ **歯磨きシート**

拭くだけで歯をきれいにしてくれるシート。感染予防になるので、用意したほうがベター。

□ **ろうそく・ライター**

停電時の必需品で、マッチもあると安心。まごまごしないよう、一緒にしておくのがおすすめ。

□ **防災リュック**

一時避難用の防災袋。両手があく、リュックタイプを選んで。

□ **使い古しのタオル**

敷く、巻く、隠す、温める、包むなど、何かと重宝します。肌になじむ使い古しが○。

□ **古新聞**

保温効果だけでなく、消臭効果もあるので、1か月分ほどストックしておきましょう。

□ **ロープ・紐**

水害時などの救助、避難時に荷物をまとめるなど、あるとなにかと便利です。

□ **冷却シート・カイロ**

夏の暑さ対策用、冬の防寒用に。シーズンごとに見直して、準備しましょう。

お役立ちメモ

ペット用品も忘れずに！

災害時、ペット関連の用品は人間のものより手に入りにくくなります。日常的に、季節ごとに必要なものをしっかりチェックして、多めに備えておきましょう。また、ペットと一緒に避難所に避難するのは困難。災害が起きたらどこに避難するか、あらかじめ考えておきましょう。

トイレの我慢は禁物です

人間の体は食べて、出すことで、健康を保っています。断水時は、トイレに行きたくないがために我慢したり、そもそも飲食を控えてしまうことも多々。ただでさえ不調が起きやすい災害時、それでは体が持ちません。しっかり準備し、意識して排泄するように心がけてください。

Column 5

災害時、アイラップはこんなことにも使えます

耐熱性・耐冷性・防湿性に優れているアイラップは、災害時もあらゆるシーンで活躍。紹介する使い方のほか、避難所での靴入れや簡易バッグとしても使え、中が見えるのもいいところ。また、ライトにかぶせてランタンにするなど、ユーザー発のアイデアも豊富です。

氷嚢にする

氷を入れれば簡易氷嚢に。発熱時はもちろん、ケガをしたときのアイシング、保冷バッグに入れれば保冷剤にも使えます。

濡れたものを入れる

防湿性があるので、濡れたものをキープすることが可能。また、汚れたものを入れるのにも適しています。口を結んでおけば、安心。

防水袋になる

スマホ、災害メモなど、濡らしたくないものを入れるのにも便利。口をしっかり結んでおきましょう。

ゴミ袋にする

マチがあってたくさん入るので、いらないものをまとめておく袋にも使えます。また、ペットの糞入れなどにも活用可。

作っておきたい！災害メモ

大規模災害が発生した際、家族と一緒にいるとは限りません。安否確認の方法など、必要な情報は意外と多いもの。連絡先のほか、生年月日や血液型、いつも飲んでいる薬の種類、病気等特別に配慮すべきことなど、必要な情報を災害メモとして準備し、お財布などに入れておきましょう。

□ 緊急時の連絡先

緊急時の連絡先を決めて記載しておけば、災害用伝言ダイヤルにも活用できます。同一の災害の影響を受けにくい、遠方に住む親戚や知人の電話番号を記載しておくのも有効です。

□ 避難場所、避難経路

自宅、学校、職場など、日常的によくいる場所から向かう避難所、そこまでの安全な経路や交通手段を書いておきます。慌てずに避難でき、お互いを探す手立てにもなります。

□ 緊急時の集合場所

動けるようになった際、どこに集合するかを決めておきます。できれば、1日後はここ、1週間後はここなど、複数あると安心。そこまでの経路も記載しましょう。

□ 災害用伝言ダイヤル「171」の使い方と電話番号

災害用伝言ダイヤルの存在は知ってはいても、使い方がわからない方も多いはず。年に数回体験できる日があるので、実際にかけてみましょう。方法もメモしておくと慌てません。

災害用伝言ダイヤル「171」の基本の使い方

伝言を録音するとき

- 171をダイヤル
- 1を入力
- 電話番号(※)を入力
- 1を入力
- メッセージを録音
- 9で終了

伝言を確認（再生）するとき

- 171をダイヤル
- 2を入力
- 電話番号(※)を入力
- 1を入力
- 伝言の再生開始
- 9で終了

（もう一度聞く場合は8）

※伝言ダイヤルは被災地域の方の電話番号(固定電話・携帯電話・PHS・IP電話)が対象です。市外局番から入力します。

＼備えあれば憂いなし！／

携帯したい防災ポーチ

出先で被災するケースも少なくありません。
いざという時のために、
最低限のものをカバンの中に入れておきましょう。

☐ **ポリ袋**

エコバッグ、靴袋、手袋など使い道はいろいろ。アイラップのほか、取っ手付きもあると便利です。

☐ **現金**

電子マネーやカードは使えない可能性が高いので、現金は必須。公衆電話用に10円と100円も用意を。

☐ **常備薬・救急用品**

すぐに帰宅できるとは限りません。持病がある人は必ず入れておきましょう。応急手当にも。

☐ **携帯用トイレセット**

トイレが使えない場合に備え、なるべくミニサイズを。あるとないとでは、安心感が違います。

☐ **除菌ウェットティッシュ**

手が洗えない断水時でも、感染対策としてあれば安心。乾かないように注意して。

☐ **マスク**

防塵、感染防止、防寒用にお役立ち。携行する場合は、小分けタイプがおすすめです。

☐ **ノートとボールペン**

メッセージを残したり、必要な情報をメモしたり、いろいろなシーンで重宝します。

☐ **ホイッスル**

周囲に助けを求めるために必要です。中に災害メモを収納できるタイプが便利です。

☐ **飴**

カロリーの補給とリラックスに。好きな飴を入れておくのがポイント。熱中症対策には塩系の飴も。

☐ **非常食**

ある程度カロリーがあり、かさばらないものがおすすめです。甘いものが効果的。

一時避難用の持ち出し袋を用意しましょう

在宅での避難が現実的ですが、安全がわかるまでの数時間は、避難所への一時的な避難が必要になることがあります。その時に備え、一時避難用持ち出し袋を用意しておきましょう。一般的なものをリストにしましたが、必要なものは家族構成、年齢、環境などによっても異なります。あくまで参考として、チェックしてください。

- □ 持ち出し袋（リュックなど、両手があくもの）
- □ 運動靴（動きやすく、丈夫なもの）
- □ 携帯ラジオ
- □ 電池式充電器
- □ 乾電池
- □ 身分証明書・保険証・お薬手帳のコピー
- □ 緊急時の連絡先メモ
- □ 現金（10円・100円・1000円）
- □ 油性ペン・水性ペン・ノート
- □ 飲料水（500mℓ×３～４本）
- □ 非常食（缶詰パンや簡易栄養食など）
- □ マスク
- □ 除菌ジェル
- □ ウェットティッシュ（大）
- □ ティッシュ（水に流せるもの）

- □ 予備の眼鏡やコンタクトレンズ
- □ 救急ポーチ（ばんそうこう・薬・はさみ）
- □ 季節に合った衣類、下着
- □ タオル
- □ 歯磨きシート
- □ 水のいらないシャンプー
- □ 非常用簡易トイレ×５
- □ レインコート
- □ スリッパ
- □ アイマスクと耳栓
- □ エアクッション
- □ エコバッグ＆ポリ袋
- □ アルミシート
- □ 布ガムテープ
- □ 軍手
- □ 万能ナイフ
- □ 家族の写真

冬

- □ 使い捨てカイロ
- □ ブランケット

夏

- □ 瞬間冷却パック
- □ 冷却ブランケット

お役立ちメモ

パーソナルケアアイテムも忘れずに！

乳幼児がいる場合はミルクや離乳食、オムツ、高齢者がいる場合も必要に応じてオムツや入れ歯洗浄剤、補聴器、その他にもペット関連用品など、日常的に必要なものは人それぞれ。災害時は特に、レアなものほど入手困難です。普段あたり前のように使っていると、必要なものほど見落としがちですが、たとえ一日でも、健康に重大な被害が及ぶことも。不足がないように準備しましょう。

避難するときは必ずブレーカーを落としましょう

ブレーカーを落とすのは、災害によって電気機器や電源コードに損傷が起きた可能性があるからです。通電したままだと、異常に気づかずトラブルになることも。また、たとえ停電している場合でも、ブレーカーを落とさずに避難すると、復旧したときに漏電や火災のリスクが高まります。避難するときは必ずブレーカーを落とし、帰宅後は状況を確認してからブレーカーをあげてください。

配給食は使い捨てカイロで温めて

「配給食は冷えていて味気ない」という声をよく聞きます。そんなときは使い捨てカイロの活用を。上下ではさんでタオルで包めば、ほんのり温めることができます。

協力　岩谷マテリアル株式会社

STAFF

撮影　野口祐一
スタイリング　浜田恵子
装丁・デザイン　高橋久美
編集制作　諸井まみ
校正　株式会社聚珍社
制作協力　三栄産業株式会社
撮影協力　UTUWA
企画・編集　鹿野育子

島本美由紀（しまもと・みゆき）

料理研究家 / ラク家事アドバイザー / 防災士。旅先で得たさまざまな感覚を料理や家事のアイデアに活かし、身近な食材で誰もが手軽においしく作れるレシピを考案。冷蔵庫収納や食品保存、食品ロス削減アドバイザーとしても活動し、『あさイチ』(NHK) や『ヒルナンデス！』(日本テレビ) などにも出演。『冷凍豆腐レシピ77』(小学館)、『もしもに備える！おうち備蓄と防災のアイデア帖』(パイ インターナショナル)、『マニモゴ！ずぼら韓国ごはん』(Gakken) など、著書は80冊を超える。公式 YouTube「島本美由紀のラク家事 CH」では家事がラクになるアイデアを紹介している。
https://shimamotomiyuki.com/

＊調理アシスタント　具 みずほ

アイラップで簡単レシピ お役立ち防災編

2025年3月11日　第1刷発行
2025年7月25日　第3刷発行

著　者　島本美由紀
発行人　川畑　勝
編集人　中村絵理子
発行所　株式会社Gakken
〒141-8416　東京都品川区西五反田 2-11-8
印刷所　株式会社DNP出版プロダクツ
D T P　株式会社グレン

●この本に関する各種お問い合わせ先
本の内容については、
下記サイトのお問い合わせフォームよりお願いします。
https://www.corp-gakken.co.jp/contact/
在庫については　Tel 03-6431-1250（販売部）
不良品（落丁、乱丁）については　Tel 0570-000577
学研業務センター
〒354-0045　埼玉県入間郡三芳町上富 279-1
上記以外のお問い合わせは
Tel 0570-056-710（学研グループ総合案内）

●アイラップ（製品）に関するお問い合わせ先
岩谷マテリアル株式会社　お客様相談室
Tel 03-3555-3214